# LA
# FRANCE PAR CANTON

PUBLIÉE

**Par T. OGIER et Auguste RICHARD,**

LITHOGÉOGRAPHES A PARIS.

## PARIS

CHEZ JACOB, IMPRIMEUR LITHOGRAPHE,

RUE RAMBUTEAU, 52.

1843

IMPRIMERIE DE MAULDE ET RENOU,
RUE BAILLEUL, 9 ET 11.

M.

Bien explorer toutes les localités qui nous environnent, en trouver facilement toutes les voies de communication, sans se fatiguer les yeux sur des cartes trop grandes et trop chargées de traits et de lettres; distinguer, sur la carte même, le clocher qu'on doit visiter et dont on cherche à se souvenir; joindre à ces connaissances tous les renseignements que peut fournir une topographie complète, tels sont les avantages que nous venons offrir aux ecclésiastiques, aux gens d'affaires, aux propriétaires, et enfin à toutes les personnes qui aiment leur clocher et celui de leurs amis.

Cette publication géographique, que l'on pourrait appeler géidographie, contient autant de feuilles que de cantons, et chacun d'eux est ainsi composé :

1° Sa carte topographique avec les limites de ses communes, le point de vue en miniature de son église et des maisons environnantes, les rivières et canaux, les routes royales, départementales et de grandes communications; les chemins vicinaux et ruraux, leurs numéros d'ordre administratif, leurs destinations, les bois et forêts, etc.; les communes qui l'environnent et la distance qui les en séparent; une boussole méridienne et les anciennes armes.

2° Dans le texte : la description des lieux, commune par commune, leur particularité historique, leurs productions agricoles et manufacturières, leur commerce, la désignation du parcours des routes qui les traversent, leur population; les distances par kilomètres qui les séparent entre elles, prises par les voies les plus pratiquées; leurs distances judiciaires.

à leurs chefs-lieux de canton, d'arrondissement et de département; leurs administrations civiles et religieuses; leurs fêtes patronales ou champêtres; les voitures de Paris, qui y conduisent : le tout sur in-4º, grand-raisin vélin collé.

Après l'exécution de cet immense travail, un but nous restait à atteindre, c'était celui de le rendre admissible partout, d'abord en le dépouillant de tout engagement de souscription, et le livrant à un prix excessivement modique, eu égard au compliqué de l'ouvrage.

La modicité du prix étant un encouragement de notre part, nous donne en quelque sorte droit au succès de cette publication qui doit servir d'introduction à la géographie, et rendre facile à l'œil le moins exercé l'usage des cartes.

Suivent les prix :

Chaque carte par département, avec texte. { 20 c. noire.
{ 25 coloriée.

Par arrondissement. . . . id. { 25 noire.
{ 30 coloriée.

DÉPARTEMENT DE LA SEINE.

# PARIS ET SON ORIGINE.

Cette ville, capitale de la France, l'une des plus grandes, des plus belles, des plus riches, des plus industrieuses, des plus florissantes, et des plus célèbres du monde, est la première de l'Europe pour le nombre, la beauté et la variété de ses monuments, la deuxième pour la population, et la quatrième pour l'étendue. Cette ville, dont on ignore la fondation, ne fut long-temps qu'un hameau dans une île qu'on nomme aujourd'hui la Cité, et qui, à l'époque de l'invasion des Romains, n'était encore qu'un triste bourg, capitale des Parisiens, l'un des quatre-vingt-dix-huit peuples qui composaient la Gaule celtique.

Sous Jules César, une ville s'éleva sur les ruines des anciennes habitations : cette ville reçut le nom de *Lutetia*; elle s'agrandit pendant plus de cinq cents ans, sous la domination des Romains, devint le siége d'une préfecture des Gaules, et le séjour, à diverses époques, de plusieurs empereurs romains. C'est à peu près en ces temps qu'ils firent construire sur la rive gauche de la Seine un aqueduc, et un palais immense appelé les Thermes, qui s'étendait depuis la place de la Sorbonne jusqu'aux bords du fleuve. La ville fut entourée de murailles et fortifiée ; elles existaient encore lors du siége que les Normands en firent en 885.

Les premières églises y furent élevées en 350. Ce fut en 380 que la ville changea son nom de Lutèce contre celui *Parisiorum* ou Paris, c'est-à-dire celui du peuple dont elle était la capitale.

Depuis cette époque, elle fut gouvernée par les rois francs ; enfin Clovis, après avoir achevé la conquête des Gaules, déclara Paris la capitale de ses états.

Les lettres et les sciences commencèrent à fleurir sous Charlemagne ; mais sous les successeurs de ce monarque, les Normands ravagèrent Paris, et, de 845 à 910, ils détruisirent jusqu'aux derniers restes des monuments que la puissance romaine y avait fait élever. Depuis ce temps, chaque roi a marqué son passage au pouvoir par l'institution et la création des sciences, arts et monuments dont le Paris d'aujourd'hui se fait gloire.

Paris, comme capitale, est le siége du Gouvernement, celui des Ministres, de la Chambre des Pairs et de celle des Députés, de la Cour de Cassation, de la Cour des Comptes, des diplomates, ambassadeurs et plénipotentiaires des cours étrangères, d'un Conseil d'État, d'un préfet de Police, d'un timbre royal ordinaire.

Comme chef-lieu de département, il est la résidence d'un Préfet, d'un Général de division, d'un Archevêque, d'un Président du Consistoire, d'un Grand-Rabin, d'une Cour royale, Cour d'assise, Cour d'appel, Tribunal correctionnel, Tribunal de commerce.

Son ensemble, sous le rapport municipal, est divisé en 12 arrondissements, qui ont chacun un maire, un juge de paix. Ces 12 arrondissements se subdivisent en 48 quartiers qui ont chacun un commissaire de police. Il y a pour tous ces quartiers 114 notaires, 60 avoués à la Cour royale, 150 de première instance, 80 commissaires-priseurs, 150 huissiers, et, indépendamment des colléges et écoles gratuites, 190 institutions et pensionnats pour les jeunes gens et 179 pour les demoiselles.

Il y a en outre 12 cures, 25 succursales, une église consistoriale des protestants luthériens, deux de calvinistes, une anglicane, consistoire central du culte israélite, deux synagogues, un petit et un grand séminaire diocésain, un des missions étrangères, 30 communautés de religieuses (filles), 26 hôpitaux, 12 bureaux de bienfaisance, et une école gratuite pour les filles dans chacun d'eux, tenue par les sœurs dites de Saint-Vincent de Paul, 12 tenues par les frères de la Doctrine chrétienne pour les garçons ; 56 barrières, 28 routes royales, 28 départementales, 6 halles, 5 abattoirs, 39 marchés, 95 places, 36 carrefours, 28 ponts, 24 casernes, 12 prisons, 24 théâtres, 9 bureaux d'affranchissements de postes aux lettres.

Nous allons nous occuper par ordre numérique de chacun des arrondissements de cette immense cité ; nous nous contenterons d'y désigner les monuments administratifs, religieux et autres, les rues ou places où ils sont, leur utilité et l'époque de leur création, les voitures dites omnibus qui conduisent aux barrières. Puissent ces quelques détails, que nous avons vérifiés attentivement, devenir utiles à MM. nos acquéreurs et nous mériter leur bienveillance.

I$^{er}$ Arrondissement (population : 92,246.)

Cette partie du territoire de la capitale est une des plus étendues et des plus belles par ses monuments, ses promenades et ses issues environnantes.

La mairie de cet arrondissement est située rue d'Anjou Saint-Honoré, n. 9 ; dans ce même hôtel est la justice de paix, et bien que l'arrondissement ne soit divisé qu'en quatre quartiers, il y a cinq commissaires de police : un pour le quartier des Tuileries, un pour le Roule, un pour la place Vendôme, un pour les Champs-Élysées, et un de création supplémentaire pour Chaillot.

Le bureau (B) de la poste aux lettres est place de la Madeleine; il a une annexe rue Neuve de Ponthieu, et celui de la maison du roi, place du Palais-Royal.

Églises catholiques. — L'église de la *Madeleine,* place et boulevart du même nom ; cure de 1$^{re}$ classe. Sa première pierre fut posée en 1764. Cet édifice n'a été terminé qu'en 1842 ; les 52 colonnes qui l'entourent sont d'ordre corinthien. *V. Monuments de Paris.*

L'*Assomption,* rue Saint-Honoré, date de 1670 ; son dôme a 62 pieds de diamètre. Les exercices religieux de cette église se font actuellement à la Madeleine.

*Saint-Philippe,* rue du Faubourg du Roule, 2$^e$ succursale, fut commencé en 1769 et terminé en 1784. *V. Monuments de Paris.*

*Saint-Pierre,* grande-rue de Chaillot, cure de 2$^e$ classe, date du onzième siècle, et sa reconstruction de 1750.

*Saint-Louis,* rue Sainte-Croix d'Antin, 1$^{re}$ succursale, petite chapelle fort simple dans laquelle se trouve le cœur de M. de Choiseul, ancien ambassadeur à Constantinople.

*Chapelle expiatoire*, située sur le terrain de l'ancien cimetière de la Madeleine, élevée pour conserver le souvenir du séjour qu'y firent les dépouilles mortelles de Louis XVI et de Marie-Antoinette. Ce monument est situé rue de l'Arcade, n. 17.

*Temple protestant.* — Temple affecté aux protestants anglais, situé rue d'Aguesseau.

*Collège royal de Bourbon,* rue Sainte-Croix d'Antin, n. 5.

*Ministère.* — Affaires étrangères, boulevart des Capucines.

*Idem.* — Justice et chancellerie, place Vendôme, n. 11.

*Idem.* — Finances, rue de Rivoli, n. 48.

*Idem.* — Marine et colonies, rue Royale, n. 2.

*Ambassadeur.* — Des Deux-Siciles, place Beauveau, n. 90.

*Idem.* — De la Grèce, rue d'Anjou Saint-Honoré, n. 26.

*Idem.* — De la Grande-Bretagne, r. Saint-Honoré, n. 39.

*Idem.* — De la Porte-Ottomane, r. des Ch.-Élysées, n. 1.

*Idem.* — De la Belgique, rue de la Pépinière, n. 89.

*Idem.* — Du Portugal, rue Saint-Lazare, n. 40.

*Idem.* — Du Danemarck, r. du Faub.-St-Honoré, n. 35.

*Idem.* — De Suède, rue d'Anjou Saint-Honoré, n. 58.

*Idem.* — Du Brésil, rue Neuve des Capucines, n. 11.

*Militaire.* — État-major de la place, place Vendôme, n. 7.

PALAIS. — Le château des *Tuileries,* dans lequel habite le Roi et toute la famille royale, fut commencé en 1564, sous Catherine de Médicis, et terminé sous Louis XIV.

L'*Élysée-Bourbon,* bâti en 1711, par le comte d'Évreux, a appartenu à divers personnages, princes, princesses et monarques. Napoléon y a séjourné plusieurs fois, notamment pendant les Cent Jours ; le duc de Berri l'habitait lors de sa mort ; actuellement la reine Christine, l'ayant acheté, en a fait sa résidence.

Le *Garde-Meuble* de la couronne, place de la Concorde.

*Hôpital Beaujon,* rue du Faubourg du Roule ; il peut contenir environ 500 malades.

MONUMENTS ET PLACES PUBLIQUES. — *Place Vendôme,* commencée en 1699 et achevée en 1715. La colonne du même nom qui la décore fut fondue avec le bronze de 1,200 pièces de canon prises sur les Russes et les Autrichiens dans une campagne de trois mois ; elle a remplacé la statue de Louis XIV, qui y avait été jusqu'en 1795 ; elle a 200 pieds de haut sur 12 de diamètre.

L'*Arc du Carrousel* fut élevé en 1806 pour célébrer les hauts faits de la Grande-Armée ; sa hauteur est de 45 pieds sur 60 de large et 21 d'épaisseur ; il est situé sur la place du même nom, et sert d'entrée au château des Tuileries.

*Arc de Triomphe de l'Étoile.* La première pierre a été posée en août 1806, et il n'a été terminé qu'en 1836 ; sa hauteur est de 135 pieds. *V. Monuments.*

*Obélisque de Luxor,* place de la Concorde. Ce monument, les fontaines et les autres embellissements de cette place concourent à la rendre la plus belle de l'Europe, et l'extase est permise à sa vue.

SPECTACLES. — *Navalorama*, entrée des Champs-Élysées, partie droite.—*Cirque olympique* ou *national,* idem, partie droite.— *Panorama,* idem, partie gauche.

*Jardins publics et promenades.* — Les Champs-Élysées, allant au bois de Boulogne par la barrière de l'Étoile ; le parc Monceau ; le Nouveau Tivoli, barrière de Clichy ; le jardin Beaujon, au haut des Champs-Élysées, à droite ; les boulevarts de la Madeleine, des Capucines ; la place de la Concorde, et le jardin des Tuileries.

L'étendue extérieure de cet arrondissement comprend les barrières de Passy, d'Iéna, de Longchamps, des Réservoirs, de l'Étoile, du Roule, de Courcelles, de Monceau et de Clichy.

*Voitures qui desservent ces barrières.* — Passy, les Omnibus, rue de Rohan, 4 ; pour Chaillot, les Constantines, rue de Chabrol, faubourg Saint-Martin ; pour l'Étoile, les Orléanaises, place de l'Oratoire, 4, pour le Roule, Omnibus, rue Quinze-Vingts, 2 ; pour Monceau, les Batignolaises, rue Saint-Honoré, 184 ; pour Clichy, les précédentes et les Favorites, place Dauphine.

L'embarcadère du chemin de fer de Versailles, rive droite, Saint-Germain et Rouen, est dans la rue Saint-Lazare, n. 120.

## II° ARRONDISSEMENT (population : 93,383).

*Mairie.* — Rue Grange-Batelière; dans cet hôtel se trouve la justice de paix. Les quartiers des quatre commissaires de police sont ceux de la Chaussée d'Antin, du Palais-Royal, du faubourg Montmartre et du faubourg Poissonnière.

Le bureau de la poste aux lettres est rue Bourdaloue.

*Eglise Saint-Roch.* — Rue Saint-Honoré; paroisse royale, cure de première classe. Cet édifice fut rebâti en 1653; sa première pierre fut posée par Louis XV; il fut achevé en 1750. On remarque dans cette église une superbe chaire, plusieurs tombeaux et un joli calvaire ; la tour de cette église en est isolée, elle contient une belle sonnerie, due à M. l'abbé Olivier, curé de cette paroisse en 1834, actuellement évêque d'Évreux.

*Notre-Dame de Lorette.* — Rue du même nom ; succursale unique, a été commencée en 1824, terminée en 1835, et consacrée le 15 décembre 1836. Cette église est, après la Madeleine, la mieux décorée de Paris : la dorure et la peinture y sont prodiguées.

*Bibliothèque royale.* — Rue Richelieu.

*Musée royal.* — Dans les bâtiments du Louvre.

*Ambassadeurs.* — De S. M. l'empereur de toutes les Russies, place Vendôme, n. 12. — De S. M. la reine d'Espagne, rue Blanche, n. 15.

MONUMENTS. — *La Bourse*, place du même nom, est un superbe monument, dont les colonnes sont d'ordre corinthien; élevé sur le terrain de l'ancien couvent des Filles Saint-Thomas, il sert de bourse et de tribunal de commerce.

*Le Palais-Royal.* — Construit en 1628, par ordre du cardinal de Richelieu, il fut achevé en 1636. Il appartient actuellement au Roi.

*Prison.* — La prison, dite de Clichy, affectée aux détenus pour dettes, rue du même nom.

THÉATRES. — *Académie Royale de Musique,* rue Lepelletier; *Opéra-Comique*, place des Italiens; *Vaudeville*, place de la Bourse; *Royal Italien*, ci-devant Ventadour, place du même nom; *Français*, rue Richelieu; *Palais-Royal*, galerie du Palais-Royal; *des Jeunes Élèves*, passage Choiseul; et les *Variétés*, boulevart Montmartre.

*Promenades.* — Les boulevarts Italiens et le jardin du Palais-Royal.

*Voitures* desservant les barrières qui dépendent de cet arrondissement : barrière des Martyrs, Favorites ; celle de Rochechouard, les Hirondelles.

*Poste aux chevaux.* — Rue Blanche.

### IIIe Arrondissement (population : 59,796).

La mairie de cet arrondissement est située place des Petits-Pères ; la justice de paix, rue de l'Échiquier, n. 34. Les quartiers des commissaires de police sont ceux du Mail, Montmartre, Saint-Eustache et Poissonnière.

*Poste aux lettres.* — Les bureaux (J) sont place de la Bourse, et rue J.-J. Rousseau.

Églises catholiques. — *Saint-Eustache,* cure de première classe, place du même nom. Cette église date de 1532 ; son portail n'est pas encore orné de sa seconde tour ; au dessus de cette église se trouve un télégraphe.

*Les Petits-Pères,* ou *Notre-Dame des Victoires,* place des Petits-Pères, première succursale. Sa première pierre fut posée en 1629, par Louis XIII. La construction de cette église eut lieu en mémoire des victoires que ce monarque avait remportées sur les protestants. Devenue trop petite, les Augustins firent construire celle qui existe, qui fut commencée en 1650, et le portail en 1718. On y remarque plusieurs tombeaux, entre autres celui de Sully.

*Saint-Vincent de Paul.* — Unique succursale de Saint-Laurent ; elle est située au haut de la rue Hauteville, faubourg Poissonnière. Sa première pierre a été posée le 15 août 1824 ; elle n'est pas encore terminée. Les exercices du culte paroissial se font dans la petite église, même invocation, rue Montholon.

Monuments. — *Place des Victoires.* — Elle fut bâtie en 1636 ; la statue équestre de Louis XIV, que nous y voyons maintenant, y fut inaugurée sous Louis XVIII, pour remplacer celle pédestre de ce même roi, qui y était avant.

*Menus-Plaisirs du roi.* — Rue du Faubourg Poissonnière.

*Hospice Saint-Lazare.* — Rue du Faubourg Saint-Denis, n. 217; affecté aux femmes de mauvaise conduite, qui y sont détenues.

Théatres. — *Gymnase-Dramatique,* boulevart Bonne-Nouvelle.

*Soirées de prestiges* de M. Philippe, boulevart Bonne-Nouvelle.

*Bazar.* — Boulevart Bonne-Nouvelle.

*Promenades.* — Les boulevarts.

*Omnibus* se rendant aux barrières de cet arrondissement : barrière Poissonnière, les Favorites; Saint-Denis, les mêmes.

*Exploitation des Messageries royales.*—Rue Notre-Dame des Victoires.

### IV<sup>e</sup> Arrondissement (population : 46,430).

La mairie de cet arrondissement est située place du Chevalier du Guet; la justice de paix est dans le même hôtel. Les quartiers des commissaires de police sont ceux de Saint-Honoré, du Louvre, des Marchés et de la Banque de France.

Monument. — *Le Louvre,* en 1528, fut rasé par ordre de François I<sup>er</sup>, pour en faire un palais, que Louis XIII et Louis XIV firent continuer, et qui fut achevé par Napoléon : il est contigu au Musée royal, sur la rive droite de la Seine.

Église catholique. — *Saint-Germain-l'Auxerrois,* cure de première classe, place du même nom. On attribue sa fondation à Chilpéric; son portail date de 1435; elle fut dévastée en 1834, et rendue au culte en 1837 : on y continue, à grands frais, sa complète restauration.

Temple protestant. — *L'Oratoire,* rue Saint-Honoré.

*Poste aux lettres.* — Bureau (A), rue Saint-Honoré, n. 12.

Cours normal pratique. — A la Halle aux Draps, entretenu par la ville pour l'instruction primaire.

### V<sup>e</sup> Arrondissement (population : 85,338).

La mairie est située, ainsi que la justice de paix, rue de Bondi, n. 120. Les quartiers de MM. les commissaires de police sont ceux de Bonne-Nouvelle, du faubourg Saint-Denis, de la porte Saint-Martin et Montorgueil.

*Poste aux lettres.* — Bureau (D) rue de l'Echiquier, n. 23.

Églises catholiques. — *Saint-Laurent,* place de la Fidélité, cure de première classe, date de 1429; elle fut augmentée en 1548, reconstruite en 1595, réparée et ornée d'un portail en 1622.

*Notre-Dame de Bonne-Nouvelle.* — Rue de la Lune; deuxième succursale de Saint-Eustache. Sa reconstruction date de 1829, elle a conservé son ancien clocher.

*Instruction.* — Noviciat des frères de la Doctrine chrétienne, rue du Faubourg Saint-Martin, n. 165.

*Hospices et Hôpitaux.* — L'Hospice des Incurables, affecté aux hommes infirmes, rue du Faubourg Saint-Martin; —l'Hôpital Saint-Louis, rue Grange aux Belles, près du Canal : c'est après l'Hôtel-Dieu l'un des plus beaux de Paris.

*La Porte Saint-Denis.* — Construite en 1672. Sa hauteur est de 72 pieds sur autant de large ; le portique du milieu a 14 pieds d'ouverture.

*La Porte Saint-Martin.* — Érigée en 1674, par la ville de Paris, à la gloire de Louis XIV. Elle a 50 pieds de largeur sur autant de hauteur.

THÉATRES.—*De la Porte Saint-Martin,* boulevart du même nom ; celui de l'*Ambigu-Comique,* non loin du premier, même boulevart.

*Omnibus* allant aux barrières de cet arrondissement : les Dames-Réunies, barrière de La Villette et de Pantin, la barrière des Vertus : celle de la Chopinette et du Combat n'en ont pas; les Citadines à celle de Belleville.

## VI<sup>e</sup> ARRONDISSEMENT (population : 98,315).

La mairie est située rue Vendôme, n. 11; la justice de paix est dans le même hôtel. Quartiers de MM. les commissaires de police : celui du Temple, des Lombards, de la porte Saint-Denis, et Saint-Martin des Champs.

*Poste aux lettres.* — Bureau (C) rue du Grand-Chantier, n. 5.

*Ambassade.* — De la Belgique, rue d'Angoulême, n. 2.

EGLISES CATHOLIQUES.—*Saint-Nicolas des Champs,* cure de première classe, rue Saint-Martin. Elle a été rebâtie en 1420 et agrandie en 1575. Les sculptures de son portail sont très estimées, elles ont été réparées en 1837.

*Sainte-Elisabeth.* — Unique succursale de Saint-Nicolas des Champs, rue du Temple; date du xvii<sup>e</sup> siècle.

*Saint-Leu.* — Cure de deuxième classe, rue Saint-Denis. Cette église n'était qu'une chapelle en 1235; elle fut reconstruite en 1320 et érigée en paroisse en 1617; enfin réparée et restaurée dans son intérieur en 1727.

*Le Temple.* — Rue du même nom; construit en 1667, servit de prison à Louis XVI, en 1793. C'est là qu'il écrivit son testament et reçut les adieux de sa famille. Il est affecté maintenant à une congrégation de religieuses; il y a une petite chapelle.

*Deux Synagogues et Écoles.* — L'une du rite portugais, et l'autre du rite allemand : cette dernière est d'une belle construction, richement ornée; elle ne date que de 1822. Toutes deux, ainsi qu'une école gratuite israélite pour les deux sexes, se trouvent rue de Nazareth.

*Écoles gratuites protestantes,* pour les filles et garçons, rue Saint-Maur, n. 74.

*Conservatoire des Arts et Métiers.* — Rue Saint-Martin, n. 110; il y a des cours spéciaux aux diverses branches d'industries dont les produits y sont exposés.

*Prison.* — Rue Neuve Saint-Laurent.

MONUMENTS. *La tour Saint-Jacques,* seul reste de l'ancienne église paroissiale de ce nom. Bâtie sous François I$^{er}$, elle fut vendue pendant la grande révolution; l'acquisition qu'en 1836 la ville de Paris a faite de ce beau monument est motivée sur un projet de l'utiliser à l'élévation des eaux de la Seine, pour l'alimentation des fontaines de quelques quartiers de la capitale.

*Fontaine du Palmier.* — Place du Châtelet, a été élevé en 1808; sa colonne est terminée par la statue dorée de la Victoire.

### VII$^e$ ARRONDISSEMENT (population : 66,544).

La mairie est située rue Sainte-Croix de la Bretonnerie, n. 20; la justice de paix est rue du Roi de Sicile, n. 32. Les quartiers de MM. les commissaires de police sont ceux des Arcis, de Sainte-Avoie, du Mont-de-Piété, et du marché Saint-Jean.

*Poste aux lettres.* — Bureau (O) rue des Enfants-Rouges.

EGLISES CATHOLIQUES. — *Saint-Méry*, cure de première classe, rue Saint-Martin. Cette église, dont la reconstruction date de 1520, fut terminée en 1612; on y a fait de grandes réparations en 1836, et en décembre 1842 on a garni les niches de son portail par les statues des douze apôtres.

*Saint-Jean Saint-François.* — Deuxième succursale de Saint-Méry, rue du Perche. Cette église date de 1623.

*Notre-Dame des Blancs-Manteaux*, rue du même nom. — Première succursale de Saint-Méry. Cette église, quoique bien ornée et proprement tenue, n'a rien de remarquable; elle est attenante au bâtiment de l'administration générale du Mont-de-Piété.

*Temple* et écoles gratuites pour les deux sexes (culte protestant), rue des Billettes.

*Imprimerie Royale.* — Rue du Temple. Cet établissement a été fondé par François I$^{er}$; il est ce qu'il y a de plus complet dans ce genre : on y trouve cinquante-six corps de caractères orientaux comprenant toutes les écritures connues des peuples de l'Asie, anciens et modernes; seize corps de caractères des peuples de l'Europe qui n'emploient pas les romains dont nous nous servons, et soixante-quatre corps complets de ces derniers de diverses formes et dimensions.

*Les Archives du Royaume.*—Rue du Chaume; le fond de la cour de cet hôtel est occupé par l'ancien palais de Soubise, où se trouvent les archives domaniales, les trésors des chartes, et le dépôt topographique du royaume.

*Prison* dite *La Force.* — Rue du Roi de Sicile.

### VIII$^e$ ARRONDISSEMENT (population : 95,532).

La mairie et la justice de paix sont situées Place-Royale, n. 14. Les quartiers de MM. les commissaires de police sont ceux des Quinze-Vingts, Popincourt, faubourg Saint-Antoine et du Marais.

*Poste aux lettres.* — Bureaux (O), rue Faubourg Saint-Antoine et boulevart Beaumarchais.

EGLISES CATHOLIQUES. — *Saint-Denis*, rue Saint-Louis; troisième succursale de Saint-Méry; ne date que de 1830.

*Sainte-Marguerite.* — Faubourg Saint-Antoine, cure de première classe, n'a rien de remarquable si ce n'est une magnifique descente de croix en marbre blanc, sculptée par Lorain sur les dessins de Girardon : elle est placée derrière le maître-autel; l'église est bien ornée.

*Saint-Ambroise.* — Rue du même nom; unique succursale de Sainte-Marguerite. A un portail pyramidal d'un agréable effet.

*Saint-Antoine.* — Rue de Charenton; cure de deuxième classe. L'époque de sa construction est ignorée.

*Hôpitaux, hospices et prisons.* — Les Orphelins, rue du Faubourg Saint-Antoine; — l'hôpital Saint-Antoine, rue du Faubourg du même nom, n. 206; — Hôpital militaire, rue Picpus; — prison des jeunes détenus, et le nouveau Bicêtre, rue de la Roquette.

THÉATRES. — *Cirque-Olympique, Folies-Dramatique, Gaîté, Funambules, Délassements-Comiques, le Petit Lazari.* Tous ces théâtres sont à la suite les uns des autres sur le boulevart du Temple. Celui de *Beaumarchais* est sur le boulevart de ce nom. Ces boulevarts réunissent divers autres jeux, et servent aussi de promenade.

MONUMENTS. — *La Colonne de Juillet*, place de la Bastille. Ce monument a été élevé en mémoire de la révolution de juillet 1830. Les illustres victimes de ces jours mémorables reposent dans des caveaux pratiqués dans sa base. On arrive à son faîte par un escalier intérieur; il est couronnée d'un balcon, au haut duquel s'élève la statue dorée du Génie de la Liberté.

*Place-Royale.* — Cette place est très ancienne; elle est entourée de maisons au bas desquelles on a ménagé des arcades qui correspondent entre elles; au milieu est élevée la statue équestre de Louis XIII, en marbre blanc. Une double avenue d'arbres garnit le contour intérieur de la grille. Il y a un jet d'eau à chaque angle.

*Omnibus* allant aux barrières de cet arrondissement. — La barrière de la Râpée, les Orléanaises; de Bercy, les Omnibus qui vont aussi à celle du Trône; de Charenton, les Diligentes. Le canal Saint-Martin traverse une grande partie de cet arrondissement. Son embouchure est la ligne de séparation du 9e arrondissement.

### IX° ARRONDISSEMENT (population : 49,080).

La mairie est rue Geoffroy-l'Asnier, n. 25, et la justice de paix, rue Saint-Antoine, n. 88. Quartiers de MM. les commissaires de police : celui de l'Hôtel-de-Ville, de la Cité, de l'île Saint-Louis, et celui de l'Arsenal.

*Hôtel-de-Ville.* — Ce monument, que de nouvelles constructions et embellissements classent au nombre des plus beaux de l'Europe, fut élevé en 1533, sous François 1er, et terminé en 1606. Sa façade est ornée de statuettes, et la principale porte d'entrée d'un grand bas-relief représentant Henri IV à cheval. En 1801, on avait déjà beaucoup embelli cet édifice, qui est terminé.

*Bureau de poste aux lettres.* — Bureau (G), rue St-André des Arts.

Eglises catholiques. — *L'église de Saint-Louis*, 1re succursale de Notre-Dame, rue et île Saint-Louis. Commencée en 1664, et terminée en 1725. Le clocher de cette église a quelque chose de bizarre.

*Saint-Gervais.* — Cure de 2e classe, rue du Monceau. Rebâtie en 1212, et réédifiée en 1420. La première pierre du portail fut posée par Louis XIII, en 1616; il est regardé comme un des beaux morceaux d'architecture de l'Europe.

*Saint-Paul.* — 2me succursale de Notre-Dame, rue Saint-Antoine. Louis XIII, en 1627, en posa la première pierre. Cette église avait été destinée à la maison professe des Jésuites, mais elle est actuellement paroisse; elle a la forme d'une croix romaine. On remarque à la principale porte de cette église un cadran transparent et mobile qui offre le chiffre de l'heure, et au dessous celui des minutes. Son effet n'est très visible que la nuit. Le portail de Saint-Paul est magnifique.

*Notre-Dame.* — Place du Parvis de ce nom, église métropolitaine. La première pierre de ce monument remarquable a été posée par le pape Alexandre III, en l'an 1163, et ne fut terminé qu'en 1420; il a 418 pieds de long, 150 de large, et 148 d'élévation. Les tours ont 280 pieds de hauteur; il y a 380 degrés pour y monter.

*Temple calviniste*, rue Saint-Antoine. — Cet édifice était habité précédemment par une communauté de femmes, dites de la Visitation.

*Instruction.* — Le collége royal de Charlemagne, rue Saint-Antoine, contigu à l'église Saint-Paul.

*Hôtel-Dieu.* — Place du Parvis Notre-Dame.

*Grenier d'abondance.* — Monument magnifique, boulevart Bourdon, le long du canal.

*Bibliothèque*, dite de l'Arsenal, rue de Sully.

## X₀ Arrondissement (population : 98,137).

La mairie de cet arrondissement est située rue de Grenelle, n. 7; la justice de paix est dans le même hôtel. Les quartiers de MM. les commissaires de police sont ceux de la Monnaie, du faubourg Saint-Germain, de Saint-Thomas d'Aquin et des Invalides.

*Poste aux lettres.* — Bureaux à la Chambre des Députés, et rue de Vaugirard, n. 19.

Eglises catholiques. — *L'Abbaye-aux-Bois*, 1ʳᵉ succursale de Saint-Thomas-d'Aquin, rue de Sèvres. La première pierre de cette église fut posée en 1718; elle n'a rien de remarquable.

*Saint-Pierre.* — Annexe de Sainte-Valère, rue Saint-Dominique Gros-Caillou. L'intérieur de cette église a été reconstruit en 1822.

*Sainte-Valère.* — 3ᵉ succursale de Saint-Thomas, rue de Grenelle Saint-Germain. Cette église avait été fondée pour les filles pénitentes en 1804.

*Saint-Germain des Prés.* — Place du même nom, 1ʳᵉ succursale de Saint-Sulpice. La construction de cette église date du xɪɪᵉ siècle. On y construit en ce moment un maître-autel; plusieurs tombeaux s'y font remarquer.

*Saint-Thomas d'Aquin.* — Place du même nom, cure de première classe. Cet édifice ne fut d'abord qu'une chapelle pour le noviciat des Jacobins; l'église actuelle fut commencée en 1643, et achevée en 1740. Sa voûte a 72 pieds d'élévation.

*Saint-François-Xavier, ou Missions-Étrangères.* — 2ᵉ succursale de Saint-Thomas d'Aquin, rue du Bac. Cette église fut fondée en 1683. C'est dans l'établissement qui tient à cette paroisse, que se forment les missionnaires qui vont porter la foi de Jésus-Christ dans toutes les parties du monde.

*Une petite église*, rue de Sèvres, dans laquelle se trouve la châsse et les reliques de saint Vincent de Paul. Cette chapelle est attenant au corps de bâtiment qui sert à la communauté hommes, dite Lazariste, instituée par ce saint pour former les jeunes prêtres aux prédications étrangères.

*Communauté des sœurs dites de saint Vincent de Paul*, rue du Bac.

Monuments. — *Hôtel royal des Invalides*, place du même nom. L'église de cet hôtel est érigée en cure. Cet édifice fut élevé en 1672, par Louis XIV, pour servir de retraite à environ 7,000 militaires blessés et hors d'état de service. La coupole du dôme qui couronne l'église de ce monument est svelte et légère; elle s'élève gracieusement surmontée d'une magnifique lanterne et d'une flèche élégante terminée par une boule qui supporte la croix, dont l'élévation est de 300 pieds au dessus du sol. Le tombeau de Napoléon que l'on construit en ce moment sous le dôme, accomplit les derniers vœux de ce grand homme.

*L'École royale militaire*, place du même nom. — Érigée en 1751, par Louis XV, pour l'instruction des jeunes gens de familles nobles qui se destinaient à la profession militaire.

*L'École des Beaux-Arts*, rue des Petits-Augustins. — Construit sur l'emplacement de l'ancien couvent des Augustins, il n'a été terminé qu'en 1838; les beautés qu'il renferme méritent d'être vues.

*L'Hôtel de la Monnaie*, quai Conti. — En 1771, l'abbé Terrai, contrôleur général des finances, en posa la première pierre.

*L'Institut de France*, quai Conti. — Ce palais, situé sur la rive gauche de la Seine en face le pont des Arts qui conduit au Louvre, était autrefois le collége dit Mazarin. Il y a dans cet édifice une bibliothèque.

*Chambre des Députés.* — Elle est située sur la rive gauche de la Seine, en face du pont de la Concorde et de la place du même nom; c'était autrefois le Palais-Bourbon. Le prince de Condé en était propriétaire ; M. le duc d'Aumale en ayant hérité, vient d'en passer la vente au gouvernement.

Ce monument contient une bibliothèque.

*Palais du quai d'Orsay.* — La première pierre fut posée le 10 avril 1810, et terminé en 1842. Cet hôtel a subi plusieurs changements pour les diverses destinations auxquelles on devait l'employer. Il est actuellement occupé par la Cour des comptes.

*La Légion-d'Honneur.* — Cet hôtel est situé sur la rive gauche de la Seine.

L'hôtel du ministère de l'intérieur, rue de Grenelle Saint-Germain.

L'hôtel du ministère de l'instruction publique, rue de Grenelle Saint-Germain.

L'hôtel du ministère de la guerre, rue Saint-Dominique Saint-Germain.

L'hôtel du ministère des travaux publics, rue Saint-Dominique Saint-Germain.

L'hôtel de l'ambassadeur d'Autriche, rue de Grenelle, n. 121.

L'hôtel de l'ambassadeur de la Sardaigne, rue Saint-Dominique, n. 69.

L'hôtel de l'internonce du Saint-Père, rue de Lille, n. 105.

HOSPICES. — *De la Charité,* rue Jacob; — celui des *Ménages,* rue de la Chaise; — les *Incurables femmes,* rue de Sèvres; — les *Jeunes aveugles,* même rue; — des *Enfants malades,* même rue; — celui dit *Le Prince* qui ne date que de 1819, rue Saint-Dominique Saint-Germain 185; — *Hôpital Neker,* rue de Sèvres; — *Hôpital Militaire,* rue Saint-Dominique.

*Prison militaire,* dite de l'Abbaye, place du même nom.

*Promenades.*—Esplanade des Invalides, le Champ-de-Mars, les boulevarts extérieurs et les quais.

*Omnibus* allant aux barrières de cet arrondissement : les Dames réunies, à la barrière de l'École; les Tricycles, à celle de Sèvres; les Favorites, à celle de Vaugirard; les Parisiennes, à celle du Mont-Parnasse.

## XI<sup>e</sup> ARRONDISSEMENT (population : 60,580).

La mairie est située rue Garancière, n. 10, et la justice de paix même hôtel. Les quartiers de MM. les commissaires de police, sont ceux du Luxembourg, de la Sorbonne, de l'Ecole de Médecine et du Palais de Justice.

*Poste aux lettres.* — Bureaux (F.) rue de Beaune, n. 2; (G.) rue Saint-André des Arcs, n. 61, et à la Chambre des Pairs.

EGLISES CATHOLIQUES.—*Saint-Sulpice.* Place du même nom, cure de 1<sup>re</sup> classe. Cette magnifique église fut bâtie en 1655, sur une ancienne chapelle construite en 1213; vingt-trois années furent employées à la construction du chœur, de ses bas côtés et de la croisée; alors une interruption de travaux eut lieu jusqu'en 1718. La nef ne fut terminée qu'en 1736, le portail en 1745; les tours ne furent construites qu'après : elles sont surmontées chacune d'un télégraphe : celui de la tour de gauche de ce monument en fait fonctionner deux par un nouveau système.

Cette église est longue de 336 pieds, large de 174 ; la hauteur du pavé à la voûte est de 99 pieds, et celle des tours est de 210.

*Saint-Séverin.* — Cure de 2ᵉ classe, rue du même nom. Ce bel édifice gothique fut reconstruit de 1347 à 1489 ; le portail et la tour ont été restaurés en 1842.

*Instruction.* — Le collége Saint-Louis, rue de La Harpe ; — le collége Stanislas, rue Notre-Dame des Champs.

Le grand séminaire de Saint-Sulpice, place du même nom. Il y a une bibliothèque.

*L'École de Médecine*, place du même nom, fut commencée en 1769, et achevée en 1786. L'amphithéâtre est à peu de distance de cet édifice, rue de l'École de Médecine ; il répond, par sa grandeur et sa distribution, au rang qu'occupe l'École ; le Musée Dupuytren y est contigu. L'École de Médecine a une bibliothèque placée dans l'aile gauche.

*École gratuite de dessin.* Rue de l'École de Médecine.

*La Sorbonne.* — Cette église et les bâtiments contigus, place du même nom, appartiennent à la Faculté de Théologie. Il y a une bibliothèque.

*Palais.* — Le palais du Luxembourg fut construit en 1621, sous Marie de Médicis ; ce magnifique édifice vient d'être agrandi et embelli. C'est dans ce palais que la Chambre des Pairs tient ses séances.

Dans la galerie de face, côté de la rue de Tournon, se trouve le musée ; la bibliothèque est dans une autre partie. Le jardin qui y est attenant est des plus beaux ; il est public, et offre une agréable promenade.

*Le Palais de Justice*, place du même nom, était l'ancienne demeure des préfets de Rome, et des rois de la 1ʳᵉ race. Il a souffert deux incendies considérables, l'un en 1618, et l'autre en 1776. Les réparations nécessitées par ces sinistres ont apporté à sa distribution beaucoup de changements qui se continuent de nos jours. On restaure aussi la Sainte-Chapelle, modèle merveilleux d'architecture. On remarque dans ce palais la salle des Pas-Perdus. Il sert de siége à tous les tribunaux de la capitale.

*La place Dauphine*, derrière le Palais de Justice ; elle est ornée d'une fontaine dite *Dessaix*, élevée en 1801, à la mémoire de ce général tué à la bataille de Marengo. A quelques pas de là, sur le Pont-Neuf, se trouve la statue équestre de Henri IV, placée le 25 août 1819.

*Le palais des Thermes*, rue de La Harpe ; nous enavons fait mention article *Paris*.

*Hospices.* — Marie-Thérèse, boulevart d'Enfer ; — Clinique de la la Faculté de Médecine, près l'École de Médecine.

*Hôpital.* — Des Enfants trouvés, rue d'Enfer.

*Omnibus* allant aux barrières de cet arrondissement : les Parisiennes à celle du Maine, où se trouve l'embarcadère du chemin de fer de Versailles, rive gauche ; pour la barrière d'Enfer, les Favorites.

THÉATRES. — *Second Théâtre-Français, Odéon*, place du même nom ; — du *Luxembourg*, rue Madame.

### XII<sup>e</sup> ARRONDISSEMENT (population : 91,880).

La mairie de cet arrondissement est située rue Saint-Jacques, n. 162 ; la justice de paix est dans le même hôtel. Quartiers de MM. les commissaires de police : celui du Jardin du roi, celui de l'Observatoire, celui Saint-Jacques et celui Saint-Marcel.

*Poste aux lettres.* — Bureau (H), rue des Fossés Saint-Victor, n. 35.

ÉGLISES CATHOLIQUES. — *Saint-Nicolas du Chardonnet*, 1<sup>re</sup> succursale de Saint-Étienne, rue Saint-Victor. Cette église a été construite de 1646 à 1709 ; son portail n'est pas achevé.

*Saint-Étienne du Mont*, rue de la Montagne Sainte-Geneviève.— Cure de 1<sup>re</sup> classe. Cette église date de 1610 ; sa première pierre fut posée par Marguerite de Valois, première femme de Henri IV. L'architecture de ce monument est magnifique ; celle de l'intérieur est de toute beauté.

Bien que sous l'invocation de Saint-Étienne cette église est connue sous le nom de Sainte-Geneviève, dont les reliques reposent dans un tombeau fréquemment visité et vénéré par les fidèles. La ville de Paris l'a prise pour sa patronne.

*Saint-Jacques du Haut-Pas*, rue Saint-Jacques. — 3<sup>e</sup> succursale de Saint-Étienne. Cette église ne fut d'abord qu'une chapelle, elle devint paroisse en 1566 ; on y ajouta une chapelle en 1584. Enfin, la première pierre de l'édifice actuel fut posée en 1675, et l'on construisit la chapelle de la Vierge en 1686.

*Saint-Médard.*—Cure de 2ᵉ classe, rue Mouffetard. Cette église a été réparée et agrandie à diverses époques.

INSTRUCTION. — *Le petit séminaire de Saint-Nicolas du Chardonnet,* rue Saint-Victor, contigu à l'église Saint-Nicolas.

*Le collége de France,* place Cambrai ; — *le collége Louis-le-Grand,* rue Saint-Jacques ; — *collége Henri IV,* rue de Clovis ; — *collége Rollin,* rue des Postes.

*Institution des Sourds et Muets,* fondée par M. l'abbé de l'Épée, rue Saint-Jacques, 160 ; — *Maison de refuge femmes* ou *Visitation,* rue Saint-Jacques ; —une *idem* rue de l'Oursine.

*École de Droit,* place du Panthéon; — *École Polytechnique,* Montagne Sainte-Geneviève; — *École Normale,* rue Saint-Jacques.

HOSPICES.—*Cochin,* rue du Faubourg Saint-Jacques ; — *du Midi,* même rue, place des Capucins ; — *de la Pitié,* rue Copeau ; — *la Salpétrière,* incurables femmes, boulevart de l'Hôpital ; — *hôpital militaire du Val-de-Grâce,* rue du Faubourg Saint-Jacques ; — *idem,* impasse aux Vignes.

MONUMENT. — *Panthéon,* place du même nom, fut commencé en 1757 ; on posa sa première pierre en 1764 ; ce monument a la forme d'une croix grecque composée de quatre nefs, qui se réunissent au dôme ; ses alentours ont été considérablement embellis de 1832 à 1838.

La destination du Panthéon a changé souvent : il a été successivement monument patriotique et monument religieux ; il est actuellement, par son inscription : *A la patrie reconnaissante,* destiné à recevoir les cendres des grands hommes qui ont bien mérité d'elle.

*Notre-Dame du Val-de-Grâce,* rue Saint-Jacques, aujourd'hui hôpital militaire, ne fut d'abord qu'une petite chapelle commencée en 1619, sous la reine Anne d'Autriche, et ce ne fut qu'à l'inespérée naissance de son fils Louis XIV, qu'en action de grâce, elle fit commencer la superbe église que nous voyons, qui ne fut terminée qu'en 1665.

*L'Observatoire,* rue d'Enfer, fut commencé en 1667, et terminé en 1672 ; cet édifice a 85 pieds d'élévation du sol ; son nom désigne assez à quel usage il est destiné.

*Jardin du Roi,* ou des *Plantes,* sur la rive gauche de la Seine, en face le beau pont d'Austerlitz, est destiné à l'éducation des plantes médicinales et autres, de toutes les espèces et de tous les climats; les animaux de toute race y reçoivent aussi des soins, et, lorsqu'ils ont cessé d'exister, ils vont orner le cabinet d'Histoire naturelle, un des plus beaux et des plus riches de l'Europe.

La minéralogie, l'archéologie et la botanique ont aussi leur cabinet dans cet immense jardin, au haut duquel on a ménagé, par un accident de terrain parfaitement distribué, un labyrinthe surmonté d'un pavillon chinois, d'où l'on voit la capitale avec une immense étendue de terrain environnant; le jardin et les curiosités qu'il contient sont publiques.

THÉATRES. — *Du Panthéon,* rue Saint-Jacques; — *Saint-Marcel,* rue Pascal.

PRISON. — *Sainte-Pélagie,* prison pour dettes, rue de la Clef.

La superbe manufacture des Gobelins est au haut de la rue Mouffetard.

*Omnibus* allant aux barrières de cet arrondissement : les Favorites, barrières d'Arcueil et d'Italie; les Gazelles pour la Gare et l'embarcadère du chemin de fer d'Orléans.

---

Imprimerie et Lithog. de MAULDE et RENOU, rue Bailleul, 9 et 11.

# ARRONDISSEMENT DE SCEAUX.

*Canton de Vincennes* (pop. 5,079). — Vincennes, cure de seconde classe. Ce bourg, chef-lieu de canton, à l'entrée du bois de Vincennes, est fort joli, assez bien bâti; ses rues sont larges et propres. Son administration est ainsi composée : un maire, un juge de paix, deux notaires, un huissier, un bureau d'enregistrement, une lieutenance de gendarmerie; il y a en outre une école royale d'artillerie, un bureau de poste aux lettres.

Le château-fort, qui est dans cette commune, date de Louis-le-Jeune; c'était primitivement une maison de plaisance construite sous Philippe-Auguste, entourée de bois et d'épaisses murailles : Louis IX y rendait justice au pied d'un chêne. Ce manoir fut rasé en 1337, le donjon date de Philippe de Valois. La Sainte-Chapelle, bel édifice gothique, svelte et gracieux, date de 1379; elle fut rebâtie en grand sous François I$^{er}$ et Henri II; sa décoration est très riche, ses vitraux peints ont été exécutés sur les dessins de Raphaël.

Le donjon devint prison d'état sous Louis XI. Ce séjour fut abandonné par ses successeurs, jusqu'à la mort de Charles IX, en 1574. Sous Louis XIV, on acheva la magnifique galerie de Médicis et les deux corps de logis du midi. Parmi les prisonniers qui ont été enfermés dans le donjon, on cite le prince de Condé, en 1627; le maréchal Ornano, qui y est mort en 1721; le duc de Vendôme et Mirabeau, de 1777 à 1780, et Diderot, pendant six mois; sous l'empire, le duc de Polignac, plusieurs évêques et le duc d'Enghien qui y fut fusillé le 21 mars 1804 : son tombeau est dans la chapelle; enfin les ministres de Charles X, en 1830.

On remarque dans le bois de Vincennes un obélisque d'ordre rustique, surmonté d'un globe et d'une aiguille dorée.

La fête patronale de Vincennes est le 15 août; il y a une foire le 25 juin. Cette commune est traversée par la route royale, n. 34, partant de Paris, barrière du Trône, à Strasbourg, sur laquelle viennent s'embrancher les départementales, n. 23, de Charonne à

Charenton, et celle, n. 62, de Montreuil.— Voitures à Paris, carré Saint-Martin et rue Jean-Beausire, n. 14.

*Montreuil* (pop. 5,037). Cure de deuxième classe, est l'un des bourg les plus peuplés des environs de Paris ; sa position topographique lui donne un aspect agréable. Cette commune s'est attiré une espèce de célébrité par sa spécialité dans la culture des pêches, qui se distinguent des autres par leur grosseur et leur goût exquis, aussi voit-on, attenant à chaque maison de ce bourg, un jardin qui, enclos de murailles, permet plus facilement l'heureuse croissance de l'arbre qui porte ce fruit. Les fraises, les pois et les légumes font partie de ses productions agricoles.

Il y a à Montreuil un notaire, des bains publics, une fabrique de porcelaine, une de chandelle, exploitation de plâtre.

L'église de cette commune est assez belle ; on vient de restaurer le portail. Le bourg de Montreuil est traversé par la route départementale, n. 41, allant de Paris, barrière de Montreuil, à Gagny, sur laquelle croise celle, n. 62, de Vincennes allant à Romainville, et celle, n. 23, de Charenton à Charonne.

Voitures à Paris, rue et hôtel Saint-Paul, n. 40.

*Saint-Mandé* (pop. 2,474).—Succursale de Montreuil. Cette commune, située à l'entrée du bois de Vincennes est presque entièrement composée de guinguettes ; la culture des légumes est la branche agricole spéciale ; elle est entourée de quelques maisons de campagne assez agréables.

On y remarque un bel hôpital : il y a une papeterie, fabrique de chandelles, etc. La résidence du commissaire de police de Vincennes est à Saint-Mandé ; la fête patronale est le dimanche qui suit la Saint-Pierre. — La commune est traversée par la route départementale, n. 23, allant de Charenton à Charonne.

Voitures à Paris, rue Jean-Beausire.

*Fontenay-sous-Bois* (pop. 3173). — Succursale de Montreuil. La position de cette commune est assez riante : elle est adossée contre une colline. Les constructions environnantes sont très variées. On y trouve plusieurs sources d'eaux vives, que l'on fait diriger par un petit aqueduc, au château de Vincennes. Son église, qui est ancienne et assez jolie, renferme le tombeau de Dalayrac, connu par ses célèbres compositions musicales.

# ARRONDT. de SCEAUX. CANTON D

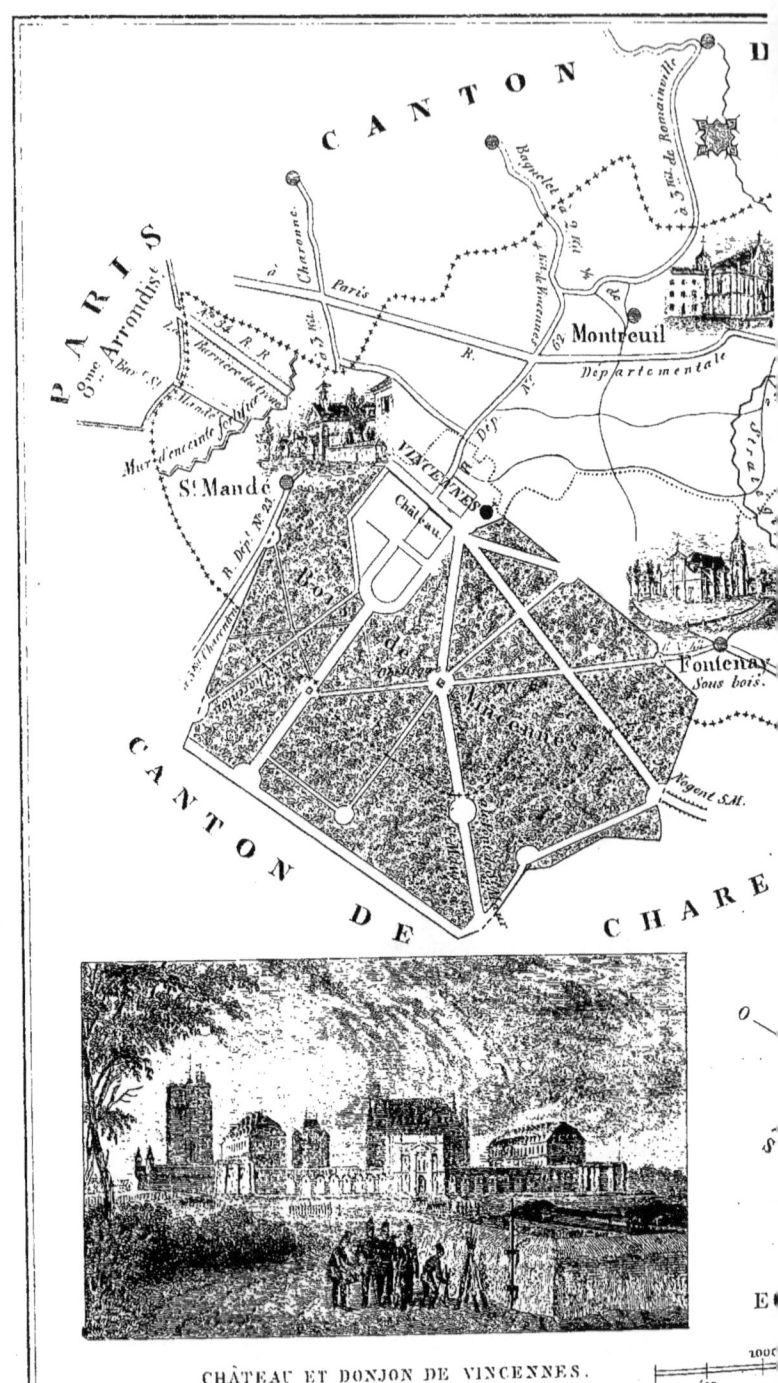

CHÂTEAU ET DONJON DE VINCENNES.

La France par Canton publiée par T

# VINCENNES, DÉPT. de la SEINE.

ÉGLISE DE VINCENNES.

R. Lithogéographe à Paris.

Commerce de bois et de charbon, plâtrière; la fête patronale se trouve le premier dimanche après le 16 juillet.

Le territoire de cette commune est traversé par la route stratégique, néanmoins une route départementale s'embranche dans le bois de Vincennes, sur la route royale, n. 34, qui se rend à ce village.

Voiture à Paris, carré Saint-Martin.

*Rosny-sur-Bois* (pop. 1,115). Succursale de Montreuil. Cette commune est située au milieu d'une vallée entièrement agricole; elle n'a rien de remarquable, si ce n'est un joli château.

Rosny est traversé par la route départementale, n. 41, allant de Paris à Gagny, sur laquelle s'embranche un chemin vicinal de cette commune à Bondy.

Voitures à Paris, et celle de Villemomble, rue Sainte-Appoline, n. 11.

*Villemomble* (pop. 614). — Succursale de Montreuil. Cette commune est située près la forêt de Bondy, dans la même vallée que Rosny; sa position n'a rien de remarquable. On voit à Villemomble plusieurs châteaux et maisons de campagne: on y a établi une fabrique de soierie.

La commune est traversée par la route départementale, n. 41, allant à Gagny, sur laquelle s'embranche celle départementale, n. 77, venant de Noisy-le-Sec.

La fête champêtre est le dimanche après la Saint-Louis.

Voitures à Paris, rue Sainte-Appoline, n. 11.

| DISTANCES JUDICIAIRES DE LA COMMUNE Aux chefs-lieux de Canton, d'Arrond¹ et Dép¹. | Canton. | Arrondissement. | Département. | Distances cadastrales des communes ENTRE ELLES. | Vincennes. | Montreuil. | Fontenay. | Rosny. | Villemomb. |
|---|---|---|---|---|---|---|---|---|---|
| | K. | K. | K. | | K. | K. | K. | K. | K. |
| Vincennes | » | 10 | 7 | de Saint-Mandé à.. | 3 | 5 | 6 | 9 | 12 |
| Saint-Mandé | 2 | 18 | 6 | de Vincennes à | | 2 | 3 | 6 | 9 |
| Montreuil | 2 | 22 | 8 | de Montreuil à | | | 5 | 4 | 6 |
| Fontenay | 3 | 31 | 10 | de Fontenay à | | | | 4 | 7 |
| Rosny | 6 | 24 | 11 | de Rosny à | | | | | 3 |
| Villemomble | 8 | 26 | 13 | | | | | | |

NOTA. Les distances judiciaires sont établies par la Cour royale, et celles des communes entre elles prises par les routes ou chemins praticables, et non à vol d'oiseau.

## CANTON DE CHARENTON.

*Charenton*, chef-lieu de canton. Ce bourg, à la barrière de Charenton, est traversé par la route royale, n. 5, allant de Paris à Lyon par la Bourgogne, sur laquelle viennent s'embrancher celle départementale, n. 23, de Charonne, et celle départementale, n. 50, allant au Petit-Créteil.

Il y a pour Charenton-le-Pont, un juge de paix, un notaire, deux huissiers, un bureau de poste aux lettres, et une brigade de gendarmerie. La fête champêtre est le deuxième dimanche de juillet.

Voitures à Paris, barrière de Charenton, correspondant avec les Diligentes.

*Saint-Maurice* (pop. 1,805). — Succursale de Charenton, située le long d'une colline, couronnée par les nouvelles constructions que l'on fait élever pour l'agrandissement de la célèbre maison de santé fondée par les religieux de la Charité, pour les aliénés des deux sexes; c'est au bas de ce coteau, le long d'un des bras de la Marne que sont disséminées les maisons composant ce bourg, dont l'ensemble est d'un effet très pittoresque, qui, liées à celles de Charenton-le-Pont, forment un charmant amphithéâtre.

*Bercy* (pop. 7,913). — Cure de deuxième classe. Cette commune touche à Paris par les barrières de la Râpée, de Bercy, de Charenton, de Reuilly et de Picpus; sa position sur la rive droite de la Seine la rend la plus commerçante de Paris (banlieue). Les vins, les eaux-de-vie, les bois de charpente, de charronnage, chauffage et autres, les tuiles, briques, etc., sont les spécialités de son commerce, favorisé par les arrivages sur la Seine, sur les bords de laquelle il y a un vaste port.

Les hameaux du Petit-Bercy, de la Râpée, de la Grande-Pinte de la vallée de Fécamp font partie de cette commune.

Il y a un commissaire de police, une brigade de gendarmerie.

Un incendie considérable a consumé, en 1820, la presque totalité des entrepôts de cette commune, dont les nouvelles constructions ne laissent aucune trace.

On remarque sur le territoire de la commune de Bercy, en remontant la Seine, un château magnifique, dont le parc très vaste est orné de statues.

Bercy, à la barrière de Charenton, est traversé par la route royale, n. 5, allant de Paris à Lyon par la Bourgogne; sur cette route s'embranche celle départementale, n. 47, allant au pont suspendu que l'on va jeter sur la Seine.

Fête champêtre le dimanche après le 8 septembre.

Omnibus pour la barrière de Bercy : Orléanaises pour la Râpée ; Diligentes pour celle de Charenton.

*Conflans-Charenton* (pop. 3,393). — Cure de deuxième classe. Cette commune est située avantageusement sur une petite élévation au confluent de la Marne et de la Seine ; les habitations y sont généralement belles et propres ; les châteaux et maisons de plaisance en embellissent les alentours ; celui de monseigneur l'archevêque de Paris s'y fait remarquer par sa position et sa beauté.

Le petit séminaire de Conflans, pour les premières études, a été transféré dans la commune de Gentilly.

Le hameau des Carrières, dites Charenton, dépend de cette commune ; il y est contigu. A le voir de nos jours, il serait difficile d'y reconnaître les traces des royaux hôtes qui y ont habité, et cependant le siècle dernier laissait encore voir les vestiges d'une maison royale de plaisance qu'y avaient fait construire nos anciens rois; on cite entre autres le séjour qu'y fit Charles V avec 30,000 hommes, lorsqu'il assiégeait Paris contre Charles-le-Mauvais.

La reine Blanche y est morte.

Le territoire de la commune de Conflans est traversé par la route royale, n° 5.

Voitures à Paris, celles de Charenton, à la barrière de ce nom, correspondant avec les Diligentes.

Fabrique de porcelaine.

*Maisons Alfort* (pop. 1,892). — Succursale de Charenton. Cette commune est assez bien bâtie, les maisons y sont propres et alignées ; la route royale, n° 5, la traverse.

Alfort, hameau dépendant de Maisons, situé à l'angle du confluent de la Seine et de la Marne, devient de plus en plus important; il doit son origine à un château nommé Hassefort. On fait remonter, en 1766, à Bourgelat la fondation de la célèbre école vétérinaire dite d'Alfort ; les études d'anatomie, de botanique, de pharmacie, des maladies, tant internes qu'externes, de tous les animaux ; les traitements et soins nécessaires à leur éducation, font l'objet d'autant de cours que l'on y professe. On y élève aussi un superbe troupeau de mérinos, pour le croisement des races et l'amélioration des laines.

La possession du pont qui joint Alfort à Charenton, séparés seulement par la Marne, a toujours été regardé comme une des clefs de la capitale. Les Normands s'en emparèrent et le rompirent en 865, les Anglais le prirent en 1436, et en furent chassés l'année suivante; en 1465, sous le règne de Charles VII, l'armée de la ligue s'y porta pour protéger ses opérations contre Louis XI. Les calvinistes le prirent en 1567, Henri IV l'enleva aux soldats de la ligue en 1590 ; enfin, en 1814, il fut confié aux élèves de l'École, qui tout à coup transformèrent le château en un camp, le fortifièrent, crénelèrent les murs du parc et offrirent aux étrangers qui marchaient contre Paris une héroïque résistance dans laquelle plusieurs d'entre eux perdirent la vie.

Ce hameau est traversé par la route royale, n. 5, sur laquelle croise celle aussi royale, n. 19, allant de Paris à Troyes par la barrière de la gare d'Ivry.

Il y a un relais de poste aux chevaux.

*Créteil* (pop. 1,826). — Succursale de Charenton. Cette commune, qui se divise en petit et grand Créteil, est assez bien située ; elle est traversée par la route royale, n. 19, sur laquelle croise le chemin vicinal allant de Choisy-le-Roi au Petit-Créteil. Ce chemin se divise là en deux branches, l'une vers Champigny, par le nouveau pont, l'autre vers Saint-Maur.

On voit dans cette commune une scierie de pierres, mue par la vapeur, de 48 dynames, qui fait le travail de 120 scieurs; il y a aussi filature de coton et foulon.

Voitures à Paris, barrière de Charenton, correspondant avec les Diligentes.

*Bonneuil* (pop. 292). — L'église de cette commune sous l'invocation de Saint-Martin, date du XIIIe siècle; le village est petit mais assez bien construit. Le roi Clotaire II y avait un château de plaisance; il y tint une assemblée de seigneurs Bourguignons, en 617, et l'empereur Lothaire y donna, en 842, une charte en faveur de l'abbaye de Saint-Denis.

Éducation de mérinos, usine pour couper, affiler et pulvériser le bois de teinture et toute sorte de droguerie.

Un embranchement des eaux de la Marne y forme une petite rivière, appelée Morbras.

La route royale, n. 19, passe dans le territoire de cette commune; celle départementale, n. 58, la croise pour se rendre à Choisy-le-Roi.

Voitures à la barrière de Charenton correspondant avec des Diligentes.

*Champigny* (pop. 1,533). — Succursale de Charenton. Cette commune, sur la rive gauche de la Marne, est très étendue ; elle n'a rien de bien remarquable. Il y avait à Champigny un château-fort qui fut détruit en 1419, par les Armagnacs.

Carrières de pierres de taille et fours à chaux ; foire le mardi de la Pentecôte et le 3 novembre. Cette commune est traversée par la route départementale, n. 42, allant à la Queue; de cette route part un chemin vicinal pour Créteil par le nouveau pont de Champigny, et les ponts du Petit-Créteil.

*Brie-sur-Marne* (pop. 362). — Succursale de Charenton. Cette commune est située sur la rive gauche de la Marne, au bas d'une colline, dans une agréable vallée. Quoique construite dans le XIII$^e$ siècle, l'église n'a rien de remarquable ; le château de Brie, agréable par la richesse de ses points de vues, fut construit en 1759.

Cette commune est traversée par la route départementale, n. 46, allant à Noisy-le-Grand, sur laquelle s'embranche celle départementale, n° 45, allant à Villiers-sur-Marne, et celle, n° 44, venant de Paris, par Nogent, elle passe par le nouveau pont suspendu, tout récemment jeté à Brie-sur-Marne. — Bureau de postes aux lettres.

*Nogent-sur-Marne* (pop. 1,828). — Succursale de Charenton. Cette commune, située rive droite de la Marne, sur un coteau en forme d'amphithéâtre, est d'un effet très pittoresque ; les maisons sont très élégamment bâties et plusieurs châteaux en augmentent l'agrément.

Dans les temps reculés, Nogent a eu aussi une habitation royale ; Chilpéric, en 581, y possédait un château qui contenait divers objets précieux dont Tibère, empereur d'Orient, lui avait fait présent ; Clovis III habitait Nogent en 692, et Childebert en 695.

Fête champêtre le jour de la Pentecôte; elle dure trois jours.

C'est au Petit-Nogent, au sortir du bois de Vincennes, que la route royale, n. 34, allant à Coulommiers, donne embranchement à celle, n° 44, qui se rend à Brie, en traversant le bourg, par un nouveau tracé que l'on fait suivre, pour éviter la rapide et tortueuse côte que l'ancien parcours suivait.

Voitures à Paris, boulevart Beaumarchais, n. 7.

*Saint-Maur* (pop. 1,724). — Succursale de Charenton. Cette commune est située sur la rive droite de la Marne, que l'on y passe sur un beau pont, au hameau de Joinville, qui est une de ses dépendance, et à l'embouchure du canal qui porte ce nom.

Ce canal, dont l'utilité est de couper le grand contour que forme la Marne auprès de cette commune, et en même temps d'assurer une bonne navigation, opère un raccourci de 9,000 mètres sur 1,000 qu'il a de parcours; il est formé de deux parties distinctes, l'une souterraine qui a 600 mètres de longueur, et l'autre à ciel ouvert, de 500. Il a été commencé en 1809 et livré à la navigation en 1825; il a coûté 1,760,000 fr. environ.

L'église de Saint-Maur est très ancienne. L'intérieur de la commune n'a rien de remarquable; elle est traversée par la route départementale, n. 63, venant de Paris par embranchement dans le bois de Vincennes sur la route royale, n. 34; celle n. 63, donne embranchement dans Joinville à la départementale, n. 42, allant à Champigny. De Saint-Maur, un chemin de grande communication va au Petit-Créteil.

Fête patronale le dimanche qui suit la Saint-Jean.

Voitures à Paris, rue Jean-Beausire, n. 14.

| DISTANCES JUDICIAIRES DES COMMUNES Aux chefs-lieux de Canton, d'Arrond¹ et Dép¹. | Canton. | Arrondissement. | Département. | Distances cadastrales des communes entre elles. | | Brie. | Champigny. | St.-Maur. | St-Maurice. | Charenton. | Conflans. | Bercy. | Maisons. | Créteil. | Bonneuil. |
|---|---|---|---|---|---|---|---|---|---|---|---|---|---|---|---|
| | K. | K. | K. | | K. | K. | K. H. | K. H. | K. | K. | K. H. | K. H. | K. H. | K. H. | K. H. |
| Bercy | 3 | 15 | 4 | de Nogent à. | 3 | 7 | 4 | 5 | 6 | 8 | 10 | 11 | 8 | 11 5 |
| Bonneuil | 9 | 15 | 15 | de Brie à. | | 4 | 6 | 7 | 8 | 10 | 11 | 11 | 9 | 12 5 |
| Brie-sur-Marne | 9 | 22 | 14 | de Champigny à. | | | 5 5 | 6 5 | 7 | 9 | 11 | 10 | 8 5 | 12 |
| Charenton-le-Pont | 1 | 15 | 6 | de Saint-Maur à | | | | 4 | 5 | 7 | 8 5 | 6 | 5 | 6 5 |
| Charenton-Saint-Maurice | » | 16 | 7 | de St-Maurice à. | | | | | 1 | 3 | 4 | 4 | 7 | 10 |
| Créteil | 4 | 14 | 11 | de Charenton à. | | | | | | 2 | 3 5 | 5 | 6 | 9 5 |
| Maisons | 2 | 15 | 9 | de Conflans à. | | | | | | | 2 5 | 5 | 8 | 11 5 |
| Saint-Maur | 5 | 17 | 11 | de Bercy à. | | | | | | | | 6 5 | 9 5 | 13 |
| Nogent-sur-Marne | 6 | 21 | 11 | de Maisons à. | | | | | | | | | 5 | 6 5 |
| | | | | de Créteil à | | | | | | | | | | 3 5 |

# ARROND.<sup>t</sup> de SCEAUX, CANTON DE

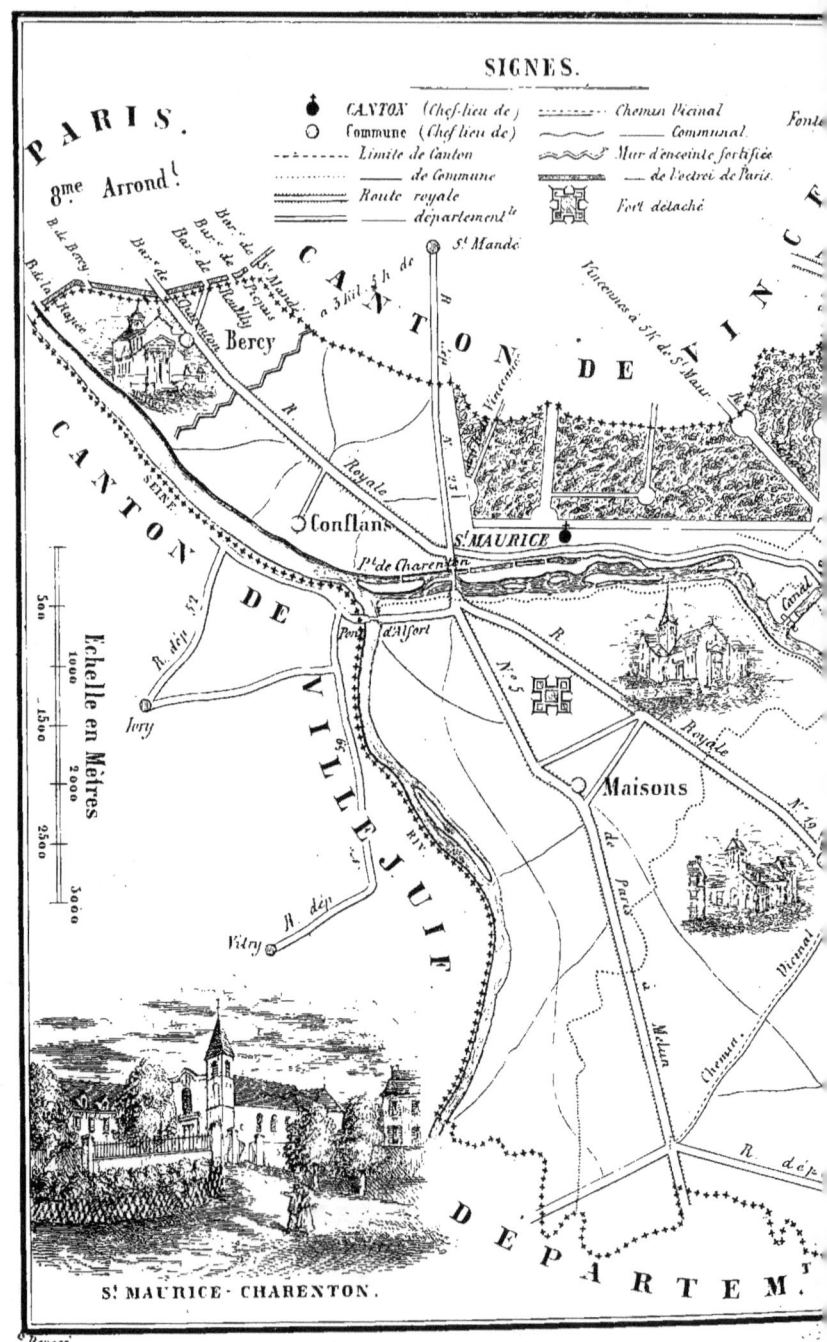

St MAURICE - CHARENTON.

La France par Canton publiée par T. OGH

En Vente chez CH. JACOB, imp

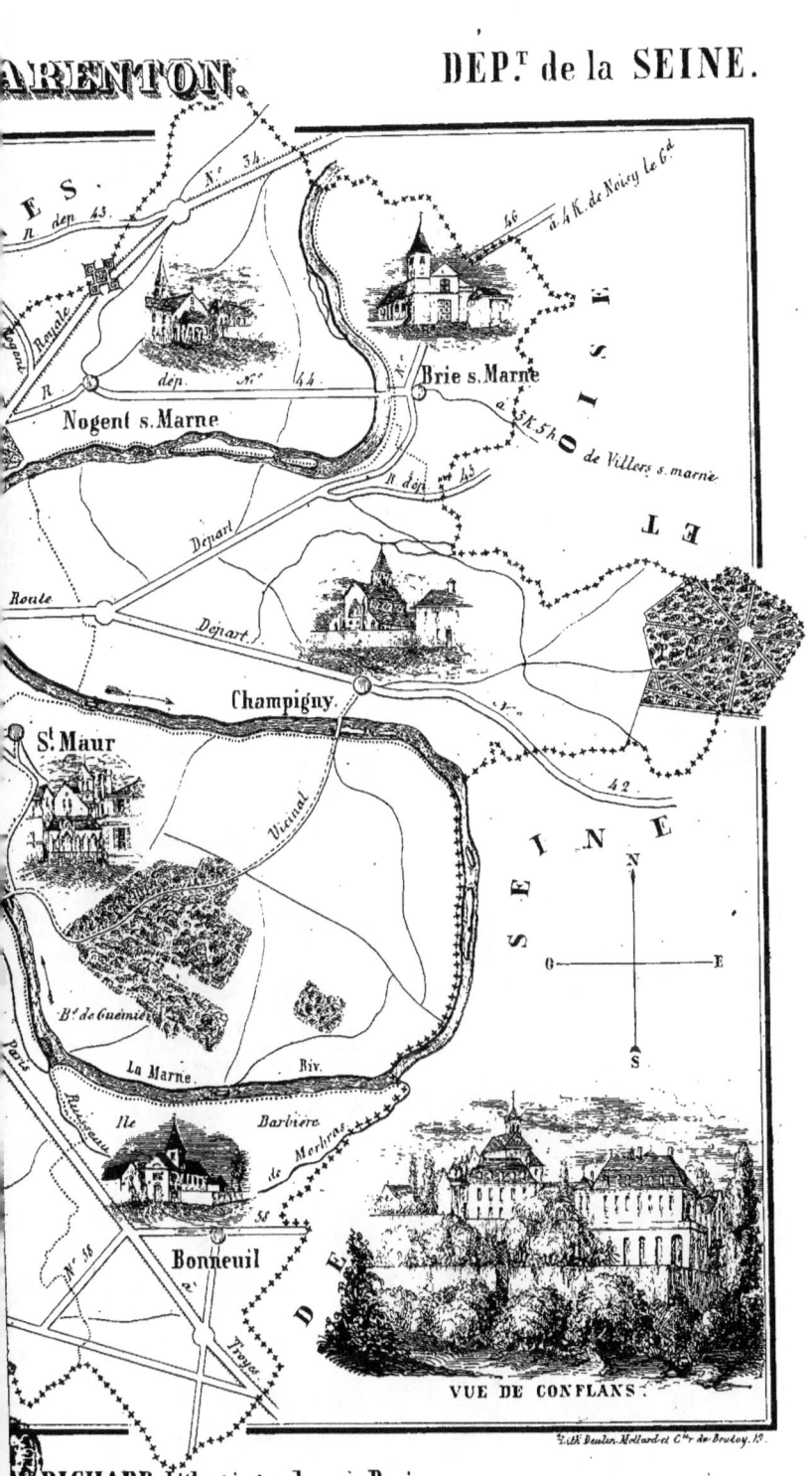

## CANTON DE VILLEJUIF.

*Villejuif* (pop. 1,503). — Cure de deuxième classe. Situé au sud de Paris, sur un plateau, duquel on découvre Paris et une grande partie de sa banlieue; ses maisons ne sont pas d'une construction régulière, il y a un télégraphe (ligne de Lyon et Toulon).

Comme chef-lieu du canton, Villejuif a un juge de paix, un notaire, deux huissiers, un bureau d'enregistrement, un de poste aux lettres, relais de poste aux chevaux; brigade de gendarmerie.

Cette commune est traversée par la route royale, n. 7, allant de Paris (barrière d'Italie) à Antibes, que traverse celle départementale, n. 66, de Sceaux à Charenton.

Le territoire de Villejuif est assez bien cultivé; les pépinières et les vignes y sont la spécialité agricole.

Fabrique de toile cirée, de savon, carrières de plâtre, pierres à bâtir, et meulières; commerce de grains, vins, foins et pailles.

Gournay et Mons-Ivry sont des hameaux dépendant de Villejuif.

*Gentilly* (pop. 9,987). — Succursale de Villejuif. Cette commune est située dans une belle vallée, fertile, arrosée par la rivière la Bièvre; cette position topographique la force à être resserrée, inconvénient qui lui fait perdre une grande partie de ses avantages extérieurs.

Gentilly se divise en Petit et Grand-Gentilly: le petit est contigu à la barrière de Fontainebleau; il n'est en partie composé que de guinguettes et est traversé par la route royale, n. 7, sur laquelle celle départementale, n. 56, s'embranche pour se rendre par le Grand-Gentilly à Sceaux. Du Grand-Gentilly il sort une route départementale, n. 73, allant à Montrouge.

Voitures à Paris, quai Napoléon, n. 29.

*Bicêtre*. — Hameau dépendant de Gentilly, actuellement hospice pour les aliénés et refuge des mendiants, dont l'utilité sanitaire est justifiée par sa position élevée, doit son origine à un couvent de Chartreux, bâti en 1250. C'est sur son emplacement que Jean Winchester, qui, par corruption de nom, fut Bischester, puis Bicêtre, fit construire une maison ; puis, en 1411, Jean, duc de Berry, y fit construire un château, dans lequel le duc d'Orléans se retrancha, mais il fut pris et brûlé. Ce fut Louis XII qui y fit construire une grande partie des bâtiments que nous y voyons maintenant. On porte à 4,400 le nombre des personnes occupées dans cet établissement. Il y a une belle chapelle; on remarque en outre un puits d'une prodigieuse profondeur : il a 16 pieds de diamètre 172 de profondeur ; il a été creusé dans un roc vif ; il y a constamment 9 pieds d'eau entretenus par plusieurs sources intarissables.

Cet hospice est à un kilomètre de la route royale, n. 7, sur la droite.

Voitures à Paris, quai Napoleon, n. 29, et place du Palais de Justice, n. 1.

L'industrie de Gentilly consiste en fabrique d'acides minéraux, de savons et blanchisserie de toile.

Sa fête patronale est le deuxième dimanche de mai.

*Arcueil* (pop. 1,734). — Succursale de Villejuif. Cette commune, située à 2 kilomètres 5 hectomètres de Gentilly, quoique dans la même position, est plus avantageusement située, eu égard à l'élargissement progressif de la vallée, qui détache d'une manière plus gracieuses les sites qui l'environnent.

Cette commune tient son nom des arcades qu'y fit construire Julien l'Apostat pour la conduite des eaux vives de Rungis aux bains des Thermes, dont on voit encore les ruines, rue de la Harpe. Son église paroissiale, qui date de Saint-Louis, est remarquable par son portail gothique, ses piliers et ses voûtes ogives. On l'agrandit en ce moment.

L'aqueduc moderne qui est à Arcueil fut construit sous Marie de Médicis ; il peut rivaliser, par sa hardiesse et sa solidité, avec les ouvrages des Romains ; il sert à la conduite des mêmes eaux, mais dirigées au palais du Luxembourg.

Cette commune est traversée par la route départementale, n. 56, allant à Bourg-la-Reine, par la route royale, n. 20 ; plus un chemin vicinal allant à l'Hay par Cachan, hameau dépendant d'Arcueil, dont il n'est séparé que par l'aqueduc.

Ce hameau doit son ancienne célébrité à la résidence qu'y

avaient établie Philippe-le-Bel en 1308, Charles-le-Bel en 1326, le roi Jean en 1353, et enfin Duguesclin, en 1377.

Il y a à Arcueil une filature de coton, lavoirs de laines, pépinières, exploitation de pierres de taille.

Fête patronale le dimanche qui suit la Saint-Denis.

*L'Hay*, (pop. 416). — Succursale de Villejuif. Cette commune est située sur une colline au bas de laquelle serpente la Bièvre. Son territoire est assez soigneusement cultivé, les céréales y sont la spécialité agricole. L'Hay est bien bâti, ses rues sont propres; il y a une jolie fontaine.

Son église nouvellement restaurée est assez élégante; le portail est d'architecture gothique.

Cette commune est traversée par la route départementale, n. 66, allant à Villejuif, et formant embranchement sur celle départementale, n. 67.

Voitures à Paris, rue Christine, n. 4.

*Chevilly* (pop. 298). — Succursale de Villejuif. Cette commune à 2 kilomètres de L'Hay est entourée de terres cultivées en céréales; quelques châteaux font son seul ornement. Son église n'a rien de remarquable. La route départementale, n. 67, de Choisy à Sceaux, traverse cette commune, et son territoire est bordé à l'est par la route royale, n. 7.

*Fresnes* (pop. 386). — Succursale de Villejuif. Situé au couchant de la vallée que baigne la Bièvre. Les céréales sont les cultures spéciales. Une voie de communication va du Fresne s'embrancher sur la route royale, n. 186, de Choisy à Versailles.

*Rungis* (pop. 216). — Succursale de Villejuif. Situé près la limite de son canton, partie sud. On y trouve plusieurs sources d'eaux vives qui, conduites par l'aqueduc, viennent alimenter plusieurs fontaines de Paris. Une route départementale, n. 70, réunit cette commune à la route royale, n. 186.

*Orly* (pop. 881). — Succursale de Villejuif. Cette commune est située au bas d'une colline d'un coup d'œil pittoresque. Elle a eu sa place dans les fastes des guerres contre les Anglais, en 1360; la tour de l'église avait servi de forteresse à 200 des plus intrépides habitants de cette commune et de ses environs. Ils soutinrent un siége de trois mois; mais vaincus par la famine, ils se rendirent : les assiégeant égorgèrent ces braves, pillèrent et brûlèrent le village pour se retirer à Montlhéry.

Une route départementale, n. 69, traverse cette commune, prenant son embranchement sur la royale, n. 7, pour se rendre à Villeneuve-Saint-Georges sur l'autre rive de la Seine, que l'on y passe sur un pont suspendu nouvellement jeté.

*Thiais* (pop. 1,172). — Succursale de Villejuif. Cette commune à 1 kilomètre 5 hectomètres de Choisy est située dans une position charmante, au bas d'un coteau que garnissent à l'envi de superbes habitations. Son église est ancienne quoique assez bien conservée.

Cette commune est traversée par la route départementale, n. 67, de Choisy à Sceaux; son territoire, au sud, est traversé par la route royale, n. 186, et bordé à l'ouest par la route royale, n. 7.

Fête patronale le 1er septembre.

*Choisy-le-Roi* (pop. 3,119). — Succursale de Villejuif. Cette petite ville, située sur la rive gauche de la Seine et du chemin de fer d'Orléans qui y a une station, est dans une position riche sous tous les rapports; ses rues sont vastes et propres, un air d'aisance y règne dans les constructions. Il y a plusieurs châteaux, parmi lesquels on remarque celui, construit en 1682, pour mademoiselle de Montpensier. M. de Louvois, le dauphin, fils de Louis XIV, et la princesse de Condé, se succédèrent dans la possession de ce château; enfin Louis XV en fit l'acquisition, et le fit presque entièrement rebâtir en 1739.

Il ne reste plus de cet édifice, ainsi que de celui qu'habitait madame de Pompadour, que quelques corps de bâtiments accessoires qui sont en ce moment occupés par des fabriques.

L'église de Choisy est assez belle; la tour de cet édifice n'est pas par sa hauteur en harmonie avec le monument.

Choisy possède un bureau de poste, un théâtre, un notaire, un huissier.

Son commerce consiste en vins et vinaigres, bois et charbon de terre; fabrique de verrerie, cristallerie, distillerie d'acides.

Cette commune a une étoile de route ainsi établie : la route royale, n. 186, de Versailles, la départementale, n. 67, de Sceaux, la départementale, n. 51, de Paris, plus la départementale, n. 58, de Bonneuil, qui traverse la Seine sur un joli pont construit en 1802.

Fête patronale le dimanche après la Saint-Louis ; elle dure trois jours.

Le hameau de Grignon dépend de cette commune.

Voitures à Paris, place Dauphine.

*Vitry-sur-Seine* (pop. 2,506). — Succursale de Villejuif. Situé au bas d'un coteau d'un aspect tout pittoresque, sa vue domine la Seine et ses beaux environs. Son église est très ancienne. Le territoire de cette commune est presque entièrement couvert de pépinières, qui font la spécialité de son agriculture; les asperges et les petits pois y sont aussi très abondants.

Cette commune est traversée par la route départementale, n. 51, de Paris, sur laquelle celle, n. 59, s'embranche allant à Alfort, et celle, n. 66, allant à Villejuif. Le territoire de Vitry est traversé par le chemin de fer d'Orléans.

Il y a un notaire et un bureau de poste.

Fête patronale le jour de la Pentecôte.

Voitures à Paris, place Dauphine, n. 5.

*Ivry-sur-Seine* (pop. 6,886). — Succursale de Villejuif. Les vues de la Seine, de la Marne et du chemin de fer embellissent sa situation.

Fabrique de produits chimiques, filature de laine, raffinerie de sucre de betteraves, verrerie, tuilerie, atelier de constructions pour les machines à vapeur, blanchisserie royale, commerce de vins, et caveaux pour la conservation, pendant long-temps, des légumes de toute espèce. Maison de santé pour les aliénés.

La commune est traversée par la route départementale, n. 52, allant à Alfort par le pont de ce nom.

Saint-Frambourg, hameau dépendant de cette commune.

Voitures, barrière de Fontainebleau, correspondance avec les Favorites.

| Distances cadastrales des communes entre elles. | | | | | | | | | | | Distances judiciaires DES COMMUNES aux chefs-lieux de canton d'arrond. et dép. | Canton | Arrondissement | Département |
|---|---|---|---|---|---|---|---|---|---|---|---|---|---|---|
| Vitry | Choisy-le-R. | Thiais | Orly | Gentilly | Arcueil | Villejuif | L'Hay | Chevilly | Fresnes | Rungis | | | | |
| K. | K. | K.H. | K. | K.H. | K.H. | K.H. | K.H. | K.H. | K.H. | K.H. | | K. | K. | K. |
| d'Ivry à.. 3 | 6 | 7 5 | 10 | 3 5 | 6 | 3 5 | 6 5 | 8 | 11 5 | 11 | Arcueil | 3 | 7 | 7 |
| de Vitry à.... 3 | 4 5 | 7 | 7 | 6 | 3 | 6 | 4 5 | 8 | 7 5 | | Chevilly | 4 | 5 | 11 |
| de Choisy-le-Roi à... 1 5 | 4 | 10 5 | 9 | 6 | 6 5 | 4 5 | 8 | 5 5 | | | Choisy-le-Roi | 6 | 9 | 12 |
| de Thiais à....... 5 | 9 | 8 | 5 | 5 | 3 | 6 | 4 | | | | Fresnes | 3 | 3 | 13 |
| d'Orly à........ 11 5 | 11 | 8 | 9 | 7 | 6 5 | 4 | | | | | Gentilly | 3 | 7 | 5 |
| de Gentilly à....... 2 5 | 4 | 6 | 8 | 9 5 | 11 | | | | | | Hay (L') | 3 | 3 | 13 |
| d'Arcueil à........ 3 | 3 5 | 5 5 | 7 | 8 5 | | | | | | | Ivry | 3 | 15 | 6 |
| de Villejuif à....... 3 | 4 5 | 8 | 7 5 | | | | | | | | Orly | 8 | 11 | 16 |
| de L'Hay à......... 2 | 3 5 | 5 | | | | | | | | | Rungis | 6 | 6 | 11 |
| de Chevilly à....... 3 5 | 3 | | | | | | | | | | Thiais | 9 | 8 | 14 |
| de Fresnes à....... 2 5 | | | | | | | | | | | Villejuif | » | 6 | 8 |
| | | | | | | | | | | | Vitry | 3 | 13 | 8 |

CANTON DE SCEAUX.

*Sceaux* (pop. 1844). Cure de 2ᵉ classe, petite ville, chef-lieu de canton et d'arrondissement, située sur une petite colline ornée de sites beaux et riches, au milieu desquels serpentent plusieurs petits ruisseaux.

Sceaux possédait, avant la révolution, un des plus beaux châteaux des environs de la capitale, qui fut démoli il y a environ 50 ans. Il semble que les beautées qui étaient concentrées dans ce local se soient divisées à l'envi dans les nouvelles constructions qui se sont élevées dans ses environs, en châteaux et maisons de plaisance.

Sceaux, comme chef-lieu d'arrondissement, a une sous-préfecture; les tribunaux de première instance sont à Paris. Comme chef-lieu de canton, il y a un juge de paix, un notaire, un huissier, un bureau d'enregistrement et conservation des hypothèques, un bureau de poste aux lettres, une lieutenance et brigade de gendarmerie.

Son église gothique est, à son intérieur, comme à l'extérieur, assez bien ornée; son portail a été nouvellement restauré; elle est

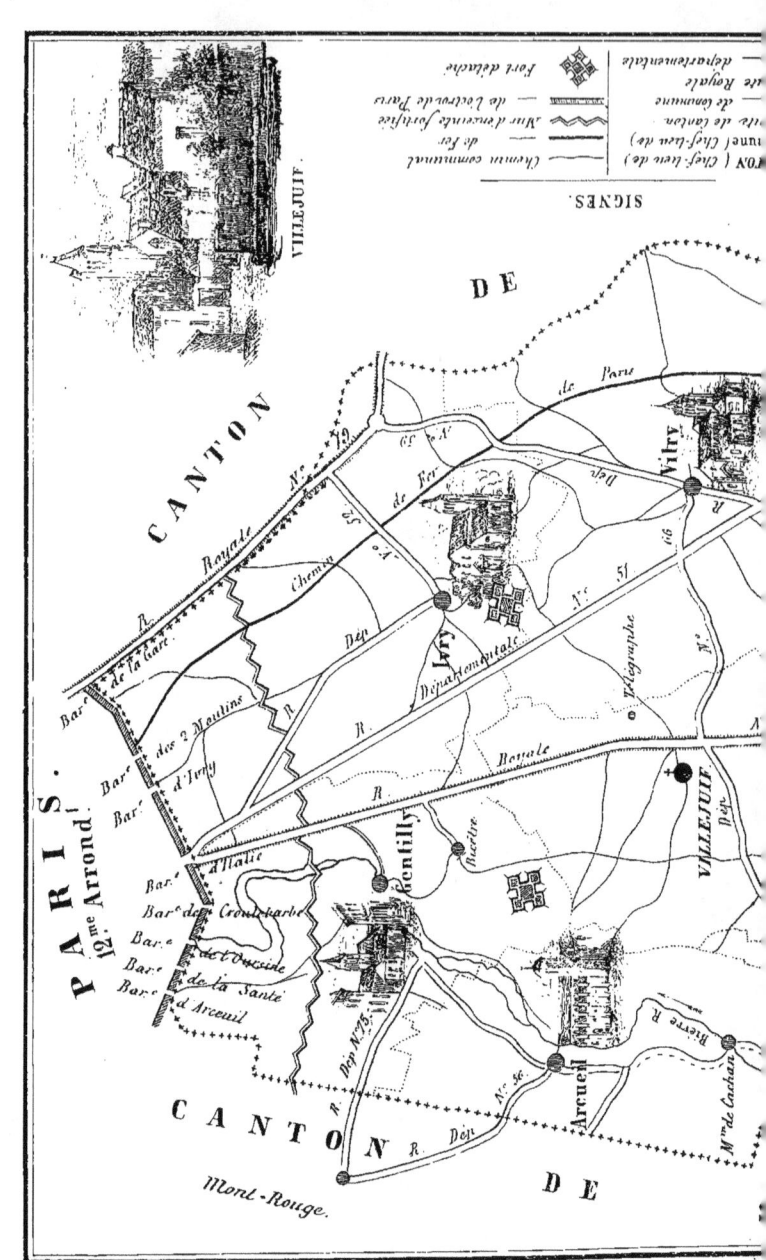

ARROND.t de SCEAUX, CANTON DE VILLEJUIF, Dep.t de la SEINE

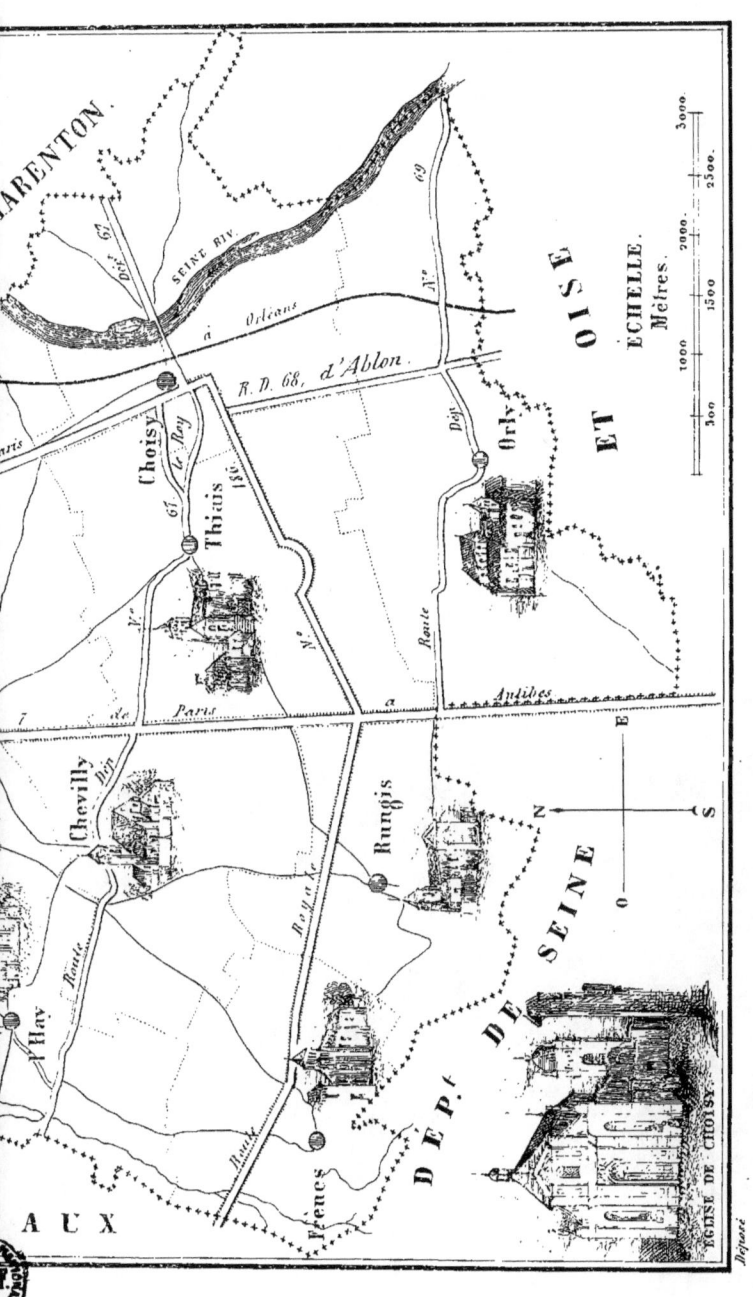

située sur une place régulière dans ses constructions ; on y bâtit en ce moment un bel hôtel-de-ville.

Sceaux est traversé par la route départementale, n. 67, venant de Choisy-le-Roi, et allant à Versailles, par embranchement sur la route royale, n. 186, sur laquelle s'embranche celle départementale, n. 57, venant de Châtillon, et celle départementale qui passe à Plessis-Piquet.

Foire le 15 juin, marché aux bestiaux tous les lundis et samedis ; voitures à Paris, impasse Conti, n. 1, et rue de l'Arbre-Sec, n. 43.

*Antoni* (pop. 1360). Succursale de Sceaux. Situé au bas d'un coteau, sur les bords de la Bièvre, qui serpente autour de ce village, il est très étendu, ce qui lui fait perdre une partie de ses agréments ; il y a un bureau de poste.

Cette commune est traversée par la route départementale, n. 72 bis, prenant sur la route royale, n. 20, et se rendant sur celle royale aussi n. 186.

L'église d'Antoni n'a rien de remarquable, si ce n'est le chœur qui est assez beau; son clocher est surmonté d'une pyramide qui date du 14e siècle.

Son commerce consiste en bois et plâtre; il y a une foire le jeudi après la Pentecôte ; sa fête patronale est le deuxième dimanche de mai.

*Bagneux* (pop. 1075). Succursale de Sceaux. Situé sur une petite colline qui domine la plaine de Montrouge, les vallées d'Arcueil et de Sceaux. Les agréments que ces vues procurent y ont attiré quantité de jolies habitations.

L'église de Bagneux, dont la fondation remonte au 13e siècle, est un des plus beaux édifices religieux des environs de la capitale ; elle est entièrement voûtée et la nef est décorée de petites galeries, dans le genre de celles de Notre-Dame-de-Paris; le portail est très antique ; son clocher, d'une élégante construction, fut élevé sur les restes de l'ancien ; le presbytère est aussi remarquable.

En 1793, on détruisit dans cette commune l'habitation de Bénicourt, favori et exécuteur des ordres secrets de Richelieu, et en ouvrant un puits de 1,000 pieds de profondeur, on découvrit la destination mystérieuse qui avait servi d'oubliettes, dans laquelle on trouva les ossements de plus de 40 cadavres, des vêtements, des montres, des bijoux et de l'argent monnoyé.

Une route départementale, n. 56, part de Bagneux à Arcueil, venant de Clamart ; son territoire est bordé par la route royale, n. 20.

*Bourg-la-Reine.* (pop. 1,435). — Succursale de Sceaux. Il est situé sur la route royale, n. 20, croisé par celle départementale, n. 67 ; c'est un des plus beaux bourgs des environs de Paris : élégance dans les constructions, propreté dans les rues et les maisons ; en un mot, à la vue du Bourg-la-Reine, les voyageurs allant à Paris semblent être préparés au grandiose de cette capitale.

Bourg-la-Reine a aussi sa place dans l'histoire ; on y voit encore la chambre qu'habitait Gabrielle d'Estrée, telle qu'elle était lorsque le bon Henri IV lui faisait visite ; plus tard cette chambre servit, en 1722, à l'entrevue qui eut lieu pour le projet de mariage entre Louis XV, qui n'avait alors que douze ans, et l'infante d'Espagne, qui n'en avait que quatre.

Condorcet, proscrit par la Convention, habitait le Bourg-la-Reine ; il y mourut empoisonné.

Manufacture de faïence, marché aux bestiaux tous les lundis ; il est spécial et d'une grande importance.

Voitures à Paris, impasse Conti, n. 1.

L'église *neuve* de ce bourg est d'une belle construction.

*Châtenay* (pop. 496). — Succursale de Sceaux. Adossé contre une petite colline garnie de vignes et de bois. Sa position assez agréable lui a attiré quelques belles résidences, parmi lesquelles on distingue celle de la Vallée-aux-Loups, qui appartient à M. de Châteaubriand. La tour de l'église de Châtenay est très remarquable par son ancienneté.

Dans cette commune est né Voltaire.

La route départementale, n. 72 bis, traverse cette commune, venant de Châtillon, allant à Antoni ; elle croise la royale, n. 186, au bas du village.

*Châtillon* (pop. 1,416). — Succursale de Sceaux. Cette commune est très agréablement située au sommet d'une colline et entourée de belles habitations ; elle peut être considérée comme un des beaux points de vue des environs de Paris. Son église, sous l'invocation de saint Jacques et saint Philippe, est petite, mais propre; sa tour est trop grosse pour être en rapport avec cet édifice. Dans un caveau, sous la chapelle de la Vierge, sont inhumés le lieutenant criminel Tardieu et son épouse, ancien seigneur du village, qui y furent assassinés le 24 août 1665.

La route départementale, n. 54, traverse le territoire de cette commune, sur laquelle se croise celle départementale, n. 56, allant dans Châtillon, et donnant embranchement à celle départementale n. 57, allant à Chatenay.

Fête patronale, le premier dimanche qui suit le 1er mai.

Voitures à Paris, rue de l'Arbre-Sec, n. 43.

*Clamart* (pop. 1,567).—Succursale de Sceaux Il est situé au bas d'une côte garnie de bois parmi lesquels se détachent les maisons de campagne qui l'environnent et forment un charmant coup d'œil; le chemin de fer de Versailles, rive gauche, y a établi une station.

Ce village est traversé par la route départementale, n. 56, allant à Châtillon.

Le commerce de Clamart consiste en pépinières et carrières de plâtre d'une extrême grandeur, puisqu'on peut en extraire d'une profondeur de 100 pieds une charrette chargée attelée de trois chevaux.

*Fontenay-aux-Roses* (pop. 1,092).—Succursale de Sceaux, à peu de distance de Bagneux, possède ces mêmes avantages pour les points de vues pittoresques, au printemps. Les champs de roses, culture spéciale à cette contrée, lui donnent un charme particulier.

L'église moderne de cette commune est à la fois simple et élégante; son clocher à flèche est d'un dessin hardi. Il y a dans le territoire de Fontenay un télégraphe, ligne de Bayonne.

Ce village est traversé par la route départementale, n. 57, venant de Châtillon et allant à Sceaux.

*Grenelle* (pop. 4,129). — Succursale de Sceaux. Situé dans la plaine qui porte ce nom, sur la rive gauche de la Seine, dont elle est à peu de distance, et que l'on traverse sur un joli pont.

Cette commune, toute nouvelle, n'a pas encore une grande importance, quoiqu'elle possède déjà plusieurs établissements industriels, tels que fabrique de colle façon anglaise, de cordes harmoniques, affinerie d'or et d'argent, fabrique de carton-pâte à la mécanique, bitume, produits chimiques, forges, fers laminés, et martinets en tout genre, blanchisserie, commerce de vins, vinaigre d'Orléans, bois de sciage.

Omnibus, Dames-Réunies, par la barrière de l'Ecole.

*Issy* (pop. 2,629).—Succursale de Sceaux. Situé au bas d'une colline qui le sépare de Vanvres, est environné de belles maisons de campagne et de quelques jolis châteaux.

Il y a dans cette commune un séminaire pour les hautes études ecclésiastiques. Le local est vaste, beau et bien distribué. Il y a aussi plusieurs maisons d'éducation pour les deux sexes.

La commune est traversée par la route royale, n. 189, allant à Sèvres, sur laquelle s'embranche celle, n. 74, allant à Montrouge par Vanvres.

Voitures à Paris, rue des Prouvaires, n. 16.

*Montrouge* (pop. 7,125).—Succursale de Sceaux. Il se divise en Petit et Grand ; le Petit commence à la barrière d'Enfer. On y remarque une maison de refuge pour la vieillesse des deux sexes, sous le nom de La Rochefoucault ; le reste du faubourg est composé de maisons de commerce pour le transit et de guinguettes. Il y a une salle de spectacle.

Le Grand-Montrouge, qui n'est séparé du Petit que par les murs d'enceinte, est généralement bien bâti ; ses maisons alignées sont propres et régulières ; son église est toute neuve et assez belle : son clocher est de forme octogone.

Sous la restauration, il y avait à Montrouge une forte maison d'éducation dirigée par des Jésuites. On y voit actuellement plusieurs institutions de jeunes gens et de demoiselles.

Son commerce consiste en pépinières d'arbres et d'arbustes étrangers, fabrique de blanc de baleine anglais, apprêt d'huile de sperme-cati, confection de bougie diaphane et raffinerie de sucre.

Le Petit-Montrouge est traversé par la route royale, n. 20, de Paris (barrière d'Enfer) à Bordeaux, sur laquelle s'embranche celle départementale, n. 54, allant à Bièvre; le Grand-Montrouge est traversé par la route départementale, n. 74, venant de Vanvres à la royale, n. 20, sur laquelle s'embranche encore celle départementale, n. 73, de Gentilly.

Voitures à Paris, rue de l'Arbre-Sec, n. 43.

*Plessis-Piquet* (pop. 234). — Succursale de Sceaux. Cette commune est située sur la pente d'une colline couverte de bocages, au bas de laquelle se trouve l'étang dit Écoute s'il Pleut. Il n'y a rien de remarquable, si ce n'est un château qui a appartenu au ministre Colbert; cette résidence conserve encore une partie des agréments qu'elle avait. L'église est très ordinaire.

La commune est traversée par une route départementale, allant de Sceaux s'embrancher sur celle départementale, n. 54, de Bièvres.

*Vanvres* (pop. 2,506). — Succursale de Sceaux. Situé dans un bas-fond arrosé par plusieurs sources d'eau vive, qui, réunies au centre de la commune, forment un beau lavoir à l'usage des blanchisseuses, dont elle est presque entièrement peuplée.

La route départementale, n. 74, traverse Vanvres, se rendant à Montrouge.

*Vaugirard* (pop. 9,817). — Cure de 1re classe. Cette commune est contiguë à la barrière de ce nom; elle se divise en Grand et Petit-Vaugirard : il y a beaucoup de guinguettes.

Cette commune est traversée par la route royale, n. 189, de Paris (barrière de Vaugirard) à Sèvres, sur laquelle s'embranchent celle départementale, n. 60, de Paris (barrière de Sèvres), en raccourci à la précédente.

C'est dans cette commune, à la barrière du Maine, que se trouve l'embarcadère du chemin de fer de Versailles, rive gauche.

Fabrique de carton de pâte, papier peint, toile cirée, produits chimiques, sel ammoniac, alun, acide, vitriol, poterie de terre, tuileries et briqueteries.

Son église est ancienne sans avoir rien de remarquable.

Omnibus, Favorite, Tricycles et Dames-Réunies.

| | Distances cadastrales des communes entre elles. | | | | | | | | | | | | Distances judiciaires DES COMMUNES aux chefs-lieux de canton, d'arrond'. et dépt. | Canton. | Arrondissement. | Département. |
|---|---|---|---|---|---|---|---|---|---|---|---|---|---|---|---|---|
| | Grenelle. | Issy. | Vanvres. | Montrouge. | Châtillon. | Fontenay. | Bagneux. | Clamart. | Bourg-la-R. | Antoni. | Plessis. | Chatenay. | Sceaux. | | | | |
| | K.H. | K.H. | K.H. | K.H. | K.H. | K.H. | K.H. | K.H. | K.H. | K.H. | K.H. | K.H. | K.H | | K. | K. | K |
| Vaugirard.. | 1 5 | 2 5 | 2 5 | 5 5 | 5 5 | 7 | 6 5 | 5 5 | 9 5 | 13 5 | 11 | 11 | 9 | Antoni...... | 5 | 5 | 1 |
| Grenelle..... | | 3 5 | 3 5 | 6 | 6 5 | 8 | 7 5 | 6 5 | 11 | 14 3 | 12 5 | 13 | 10 5 | Bagneux...... | 3 | 7 | 7 |
| Issy...... | | | 1 5 | 4 | 3 5 | 5 | 4 5 | 3 » | 7 5 | 11 | 12 5 | 8 5 | 7 | Bourg-la-Reine.... | 2 | 2 | 9 |
| Vanvres..... | | | | 8 5 | 3 5 | 5 5 | 4 5 | 3 » | 8 | 12 | 9 5 | 9 5 | 7 5 | Chatenay ...... | 6 | 6 | 11 |
| Montrouge..... | | | | | 4 | 6 | 5 | 5 » | 4 5 | 8 5 | 10 | 10 | 8 | Clamart ...... | 6 | 6 | 10 |
| Châtillon...... | | | | | | 1 5 | 1 | 2 5 | 4 | 8 | 6 | 5 5 | 3 5 | Fontenay-aux-R .... | 2 | 2 | 10 |
| Fontenay..... | | | | | | | 1 5 | 3 5 | 2 5 | 6 5 | 4 5 | 4 5 | 2 | Grenelle..... | 12 | 12 | 5 |
| Bagneux..... | | | | | | | | 3 5 | 2 5 | 6 5 | 3 5 | 5 | 3 | Issy..... | 8 | 8 | 6 |
| Clamart...... | | | | | | | | | 6 5 | 10 5 | 4 5 | 7 | 5 | Montrouge..... | 7 | 7 | 6 |
| Bourg-la-Reine.... | | | | | | | | | | 4 | 5 5 | 4 5 | 2 5 | Plessis-Piquet..... | 1 | 1 | 13 |
| Antoni...... | | | | | | | | | | | 6 5 | 2 | 4 | Sceaux..... | » | » | 11 |
| Plessis...... | | | | | | | | | | | | 4 5 | 3 | Vaugirard..... | 8 | 8 | 5 |
| Chatenay..... | | | | | | | | | | | | | 2 | Vanvres...... | 7 | 7 | 7 |

Imprimerie et lithographie de MAULDE et RENOU, rue Bailleul, 9-11.

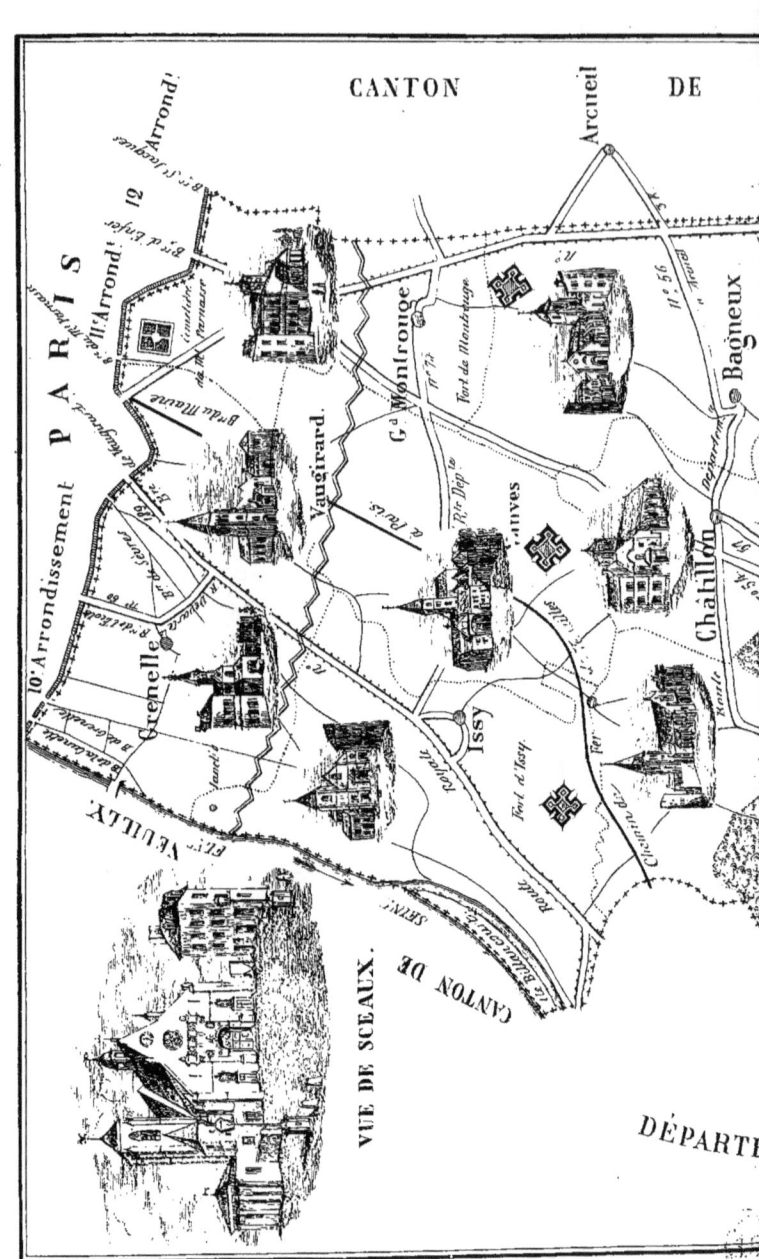
ARRONDᵗ DE SCEAUX, CANTON DE SCEAUX. DEPᵗ DE LA SEINE.

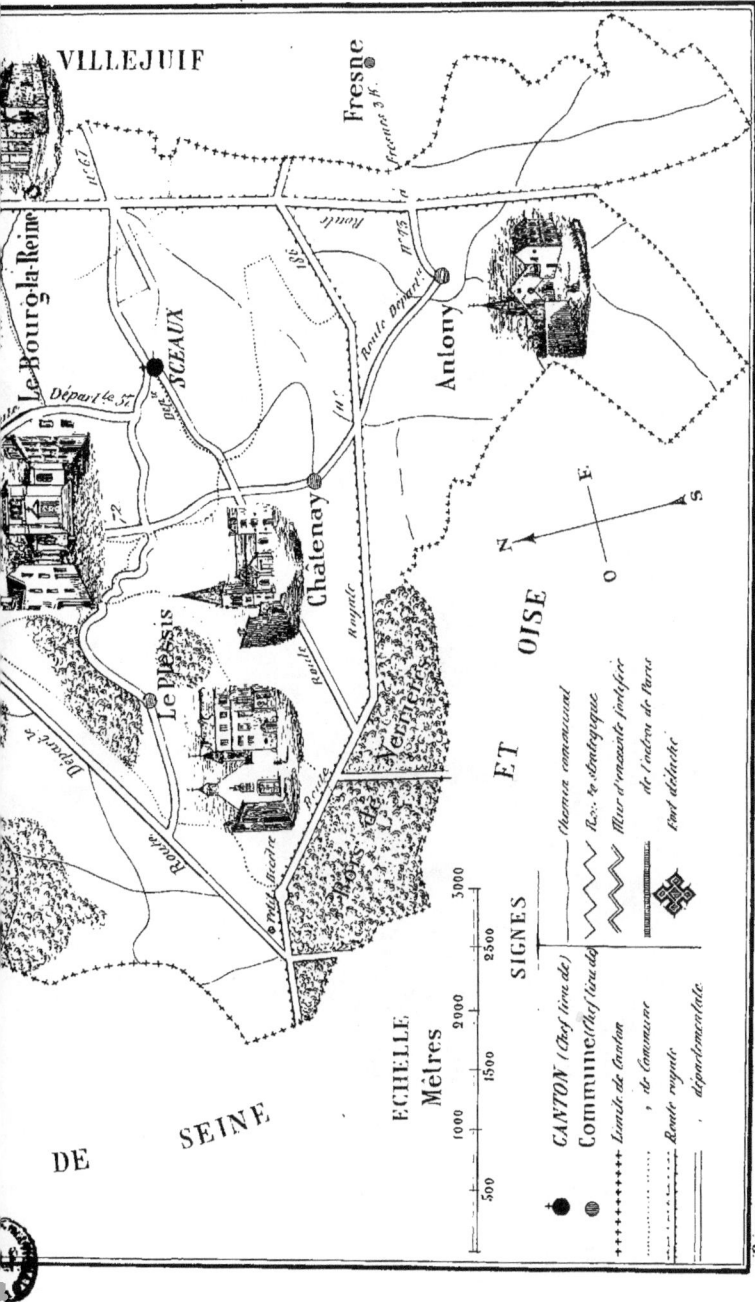

La France par Canton, publiée par T. OGIER & A.te RICHARD, Lithogéographes, à Paris.

# ARRONDISSEMENT DE S$^T$-DENIS.

### CANTON DE NEUILLY.

*Neuilly* (pop. 9,493). — Cure de 1$^{re}$ classe. Cette commune est située sur la rive droite de la Seine; le pont qui la traverse est cité pour un des plus beaux de l'Europe. Elle est composée de superbes habitations et de riches châteaux, au nombre desquels se font remarquer celui de Saint-James, et le château royal construit sous Louis XV; il appartient actuellement à Louis-Philippe.

C'est non loin de ce château, que, le 13 juillet 1842, la douloureuse catastrophe de la mort du duc d'Orléans est arrivée. On voit s'élever, à la place de la maison où il a rendu le dernier soupir, rue de la Révolte, le monument commémoratif que la reine y fait construire.

Comme chef-lieu de canton, Neuilly possède un juge de paix, un notaire, un huissier, un bureau d'enregistrement, un idem des hypothèques, une brigade de gendarmerie et un bureau de poste aux lettres.

Neuilly est traversé par la route royale, n. 13, de Paris, barrière de l'Étoile, à Cherbourg; la double avenue d'arbres qui accompagne cette route en fait une superbe promenade. Sur cette avenue, viennent s'embrancher les routes départementales, n. 11, de Saint-Denis à Boulogne, n. 9, de Passy, et n. 12, de la barrière du Roule.

Son commerce consiste en bois de chauffage et de bateaux. On y fabrique des poêles de faïence; raffinerie d'huile, moulin à farine mu par la vapeur, produits chimiques.

Neuilly, par sa proximité au bois de Boulogne, est journellement le rendez-vous de la bonne société; il y a beaucoup de pensionnats.

La fête patronale est le 24 juin; elle y est suivie d'une foire qui dure huit jours.

*Voitures omnibus.*

*Auteuil* (pop. 3,667.) — Cette commune, située sur la rive droite de la Seine, entre le bois de Boulogne et la route royale, n. 10, fait partie de la banlieue de Paris; elle est entourée de superbes maisons de campagne et de châteaux modernes très élégants.

Son église est ancienne; on remarque près de cet édifice la maison qu'habitait Boileau. L'obélisque qui est sur la place y a été élevé à la mémoire du chancelier d'Aguesseau.

Cette commune est traversée par la route départementale, n. 30, allant du bois de Boulogne à celle départementale, n. 1, de Saint-Cloud, et à l'entrée du même bois celle départementale, n. 29, allant au pont de Grenelle. Fabrique de savon anglais, toiles peintes, carton, épuration d'huile, lavoir de laines.

Fête patronale, le 15 août. Voitures à Paris, rue de Rohan.

*Batignolles* ( pop. 14,073 ). — Succursale de Neuilly. Cette commune, banlieue de Paris, est située à gauche de la butte Montmartre; elle ne date que de quatre ans. La barrière de Clichy dépend de cette commune; ses rues peuvent rivaliser par leur alignement et l'élégance de leurs constructions, avec celles de Paris.

Son église toute neuve est très simple; c'est près de cet édifice que se trouve la voûte du chemin de fer de Versailles, Saint-Germain et Rouen.

Le hameau de Monceaux dépend de cette commune. Elle est traversée par la route départementale, n. 13, allant de Paris, barrière de Clichy à Saint-Ouen, sur laquelle s'embranche celle départementale, n. 14, allant à Clichy.

Celle de la barrière de Monceaux, n. 33, conduit à Argenteuil par Asnières.

Il y a un théâtre.

On fabrique dans cette commune de l'eau de javelle; impression d'étoffes par machine à vapeur, distillerie d'eau-de-vie, liqueurs et vinaigre, clouterie.

Omnibus : les Batignolaises.

*Boulogne* ( pop. 6,906 ). — Succursale de Neuilly. Il est situé sur la rive droite de la Seine, entre ce fleuve et le bois de Boulogne. Cette commune est le rendez-vous annuel, les mercredis, jeudis et vendredis-saints, de tous les heureux du jour; cette promenade, appelée Longchamps, fait suite à celles qui ont eu lieu, depuis 1540, au monastère de l'ordre des Citaux, lequel fut supprimé par l'archevêque de Paris, en 1792.

Il y a un notaire à Boulogne, une brigade de gendarmerie et un bureau de poste.

L'industrie de cette commune consiste en fabrique d'eau de javelle, de cire à cacheter, blanchisserie, commerce de fer et de charbon de terre. Le hameau de Billancourt dépend de cette commune; il y a des impressions et teintures sur tissus de coton et soie.

Boulogne est traversé par la route départementale, n. 11, allant à Saint-Denis, s'embranchant sur celle départementale, n. 1, près le pont de Saint-Cloud, laquelle borde son territoire et aboutit à la royale, n. 10.

*Clichy* (pop. 4,189).—Succursale de Neuilly. Il est situé sur la rive droite de la Seine, dans une belle plaine; son église est ancienne, elle date de 1612; elle compte parmi ses curés l'illustre saint Vincent de Paul.

Cette commune a eu aussi sa place d'honneur dans les temps reculés; les résidences royales et princières l'avaient rendue célèbre. Aujourd'hui le commerce est venu remplacer ce vide. On y fabrique de la céruse en réputation, du sel ammoniac, de la colle-forte, des cordes à instrument, du carton, du papier à impression et à sucre, du plomb de chasse et laminé; on y commerce sur l'eau-de-vie. Il y a un bureau de poste aux lettres.

Cette commune est traversée par la route départementale, n. 33, venant de Paris, barrière Monceau, à Argenteuil, sur laquelle s'embranche celle départementale, n. 14, venant des Batignolles.

*Montmartre* (pop. 7,802). — Cure de 2ᵉ classe. Cette commune, située sur une butte de laquelle elle tire son nom, est remarquable sous tous les rapports; on y découvre tout Paris et ses environs. En 1814 et 1815, cette position élevée lui assigna la construction d'une forteresse. Le 29 mars 1814, cette hauteur fut défendue par 15 ou 18,000 hommes de troupes françaises, parmi lesquels la brave École Polytechnique s'est distinguée contre les puissances coalisées. Cette petite armée eut l'honneur de soutenir le combat, pendant tout un jour, contre 40,000 hommes ennemis.

Cette commune est composée de fort jolies maisons et de quantité de guinguettes; la barrière Blanche y conduit par la route départementale, n. 15; celle de Rochechouard, par la départementale, n. 35, allant à Clignancourt; et la barrière des Martyrs, par une rue. Il y a un théâtre.

L'église de Montmartre est très ancienne; elle est flanquée d'une grosse tour, au haut de laquelle il y a un télégraphe, ligne de Boulogne et Calais. Un calvaire en vénération est derrière l'église. Le hameau de Clignancourt dépend de cette commune; on y fabrique de l'encre, des produits chimiques, des noirs légers, de la toile cirée, du taffetas gommé, des pierres artificielles pour statues et ornements, instruments de chirurgie en gomme élastique, bijouterie en fer et fonderie de fer. Pensionnats pour les deux sexes.

*Passy* (pop. 6,704). — Succursale de Neuilly. Sur une colline, rive droite de la Seine, il est d'un agréable ensemble; sa position topographique étant montueuse, nuit à la beauté de ses rues.

On a trouvé dans cette commune deux sources d'eaux minérales, que l'on divise en eaux ancienne et nouvelle; les premières furent découvertes en 1658, et les dernières en 1719; elles sont dans une maison charmante dans laquelle on a réuni tous les agréments, et où messieurs les buveurs peuvent se promener à couvert.

Passy a été la résidence de plusieurs célébrités : Franklin, en 1788; le comte d'Estaing, en 1791; Raynal y mourut en mars 1796, et Piccini en 1803.

Le monastère des Bons-Hommes, qui existait en 1640, a laissé son nom à la barrière qui conduit à Passy.

Il y a un bureau de poste.

Le territoire de cette commune est bordé par la route royale, n. 10, de Paris à Nantes; il part de l'intérieur de Passy une route départementale, n. 9, allant à Neuilly, et une départementale, n. 21, allant de Boulogne. Près de la barrière de Longchamps, il y a un télégraphe, ligne de Brest.

Fabrique d'eaux minérales factices, cordes sans fin, bougie, revivification du charbon animal, commerce de vins et eaux-de-vie.

Il y a au hameau de la Muette, dépendant de Passy, les restes

# ARRONDT. de ST. DENIS — CANTON D

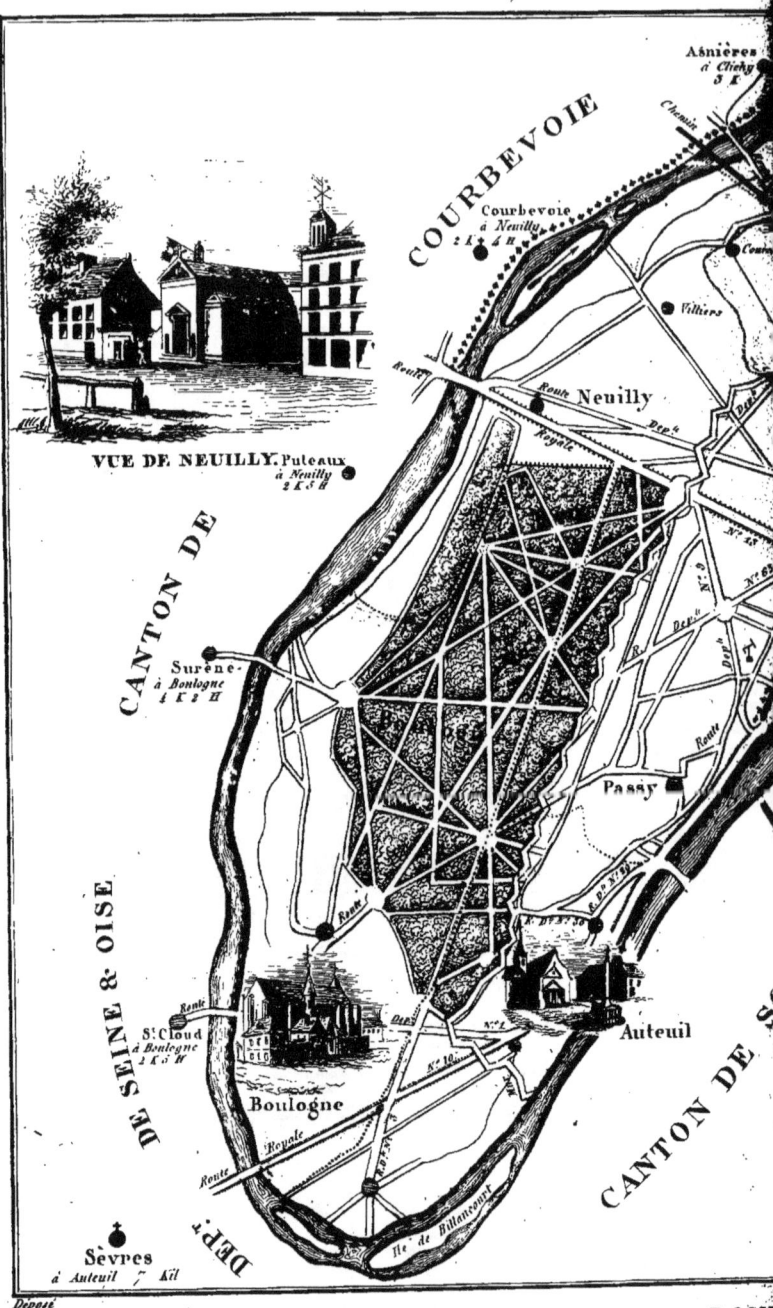

VUE DE NEUILLY

La France par Canton publiée par T. OGI...
Se vend chez Ch. JACOB

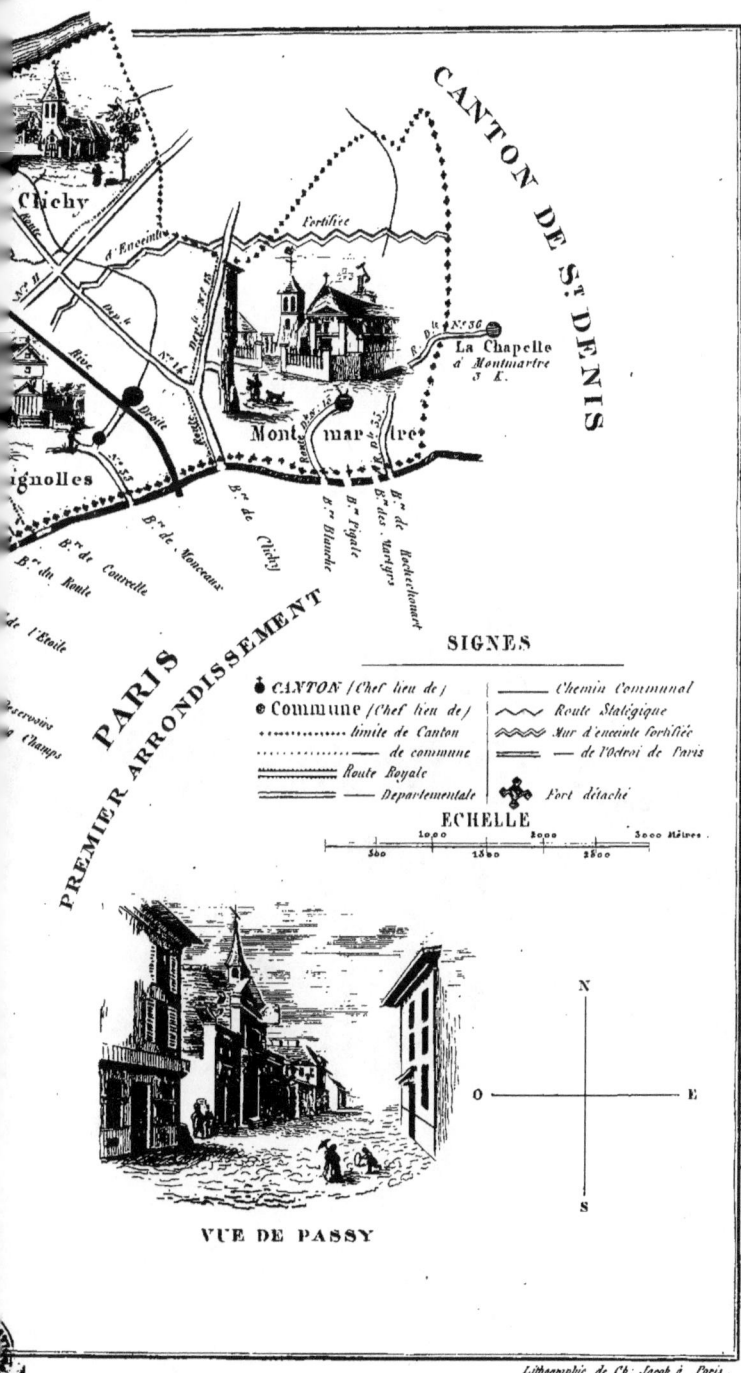

EUILLY     DEP.ᵗ de la SEINE

VUE DE PASSY

ICHARD Lithogéographes, à Paris.

d'un château bâti au commencement du règne de Louis XV, sur l'emplacement d'un rendez-vous de chasse. La duchesse de Berri, fille du duc d'Orléans, régent, y mourut en 1719.

| Distances cadast. des communes entre elles. | | | | | | Distances judiciaires DES COMMUNES aux chefs-lieux de canton, d'arrond¹. et dépᵗ. | Canton. | Arrondissement. | Département. |
|---|---|---|---|---|---|---|---|---|---|
| | Neuilly. | Clichy. | Montmartre. | Batignolles. | Passy. | Auteuil. | | | |
| | K.H. | K.H. | K,H. | K.H. | K.H. | K.H. | K. | K. | K. |
| Boulogne | 5 5 | 9 | 11 5 | 9 | 4 | 2 5 | Auteuil | 5 | 13 | 7 |
| Neuilly | | 5 5 | 7 5 | 5 5 | 4 5 | 6 | Batignolles | 6 | 7 | 5 |
| Clichy | | | 4 5 | 2 5 | 7 | 9 5 | Boulogne | 7 | 14 | 11 |
| Montmartre | | | | 2 5 | 9 | 11 | Clichy | 5 | 7 | 7 |
| Batignolles | | | | | 7 | 8 5 | Montmartre | 7 | 7 | 4 |
| Passy | | | | | | 2 | Neuilly | » | 10 | 8 |
| | | | | | | | Passy | 5 | 12 | 6 |

CANTON DE COURBEVOIE.

*Courbevoie* (pop. 6,085). — Succursale de Nanterre. Il est situé sur la rive gauche de la Seine, sur une colline assez boisée et ornée de belles habitations et châteaux modernes, parmi lesquels se dessine d'une manière agréable la belle caserne qui est dans ce bourg.

Fontane y possédait, dans le temps de l'empire, une superbe habitation qu'il tenait de la munificence de Napoléon.

Comme chef-lieu de canton, Courbevoie possède une justice de paix, un notaire, un huissier, bureau d'enregistrement et de poste aux lettres, un relais de poste aux chevaux; il y a aussi une station du chemin de fer de Versailles, rive droite.

On fabrique à Courbevoie des indiennes, du blanc de plomb et autres produits chimiques; lavoirs de laines, distillerie de grains et de fécule de pommes de terre; commerce de bois et eau-de-vie.

Le territoire communal est bordé au sud par la route royale, n. 13, allant de Paris à Cherbourg, sur laquelle s'embranchent la route départementale, n. 5, allant à Saint-Cloud; celle id., n. 7, allant à Génevilliers, par Asnières; celle, n. 8, allant à Argenteuil par Colombe; celle, n. 31, allant du rond-point à la caserne; et enfin celle royale, n. 192, allant à Pontoise par Bezons.

Voitures à Paris, rue de Rivoli, n. 4.

*Asnières* (pop. 702).—Succursale de Nanterre. Il est situé sur la rive gauche de la Seine, près d'un pont de moderne construction dans une plaine assez fertile.

Cette commune est traversée par la route départementale, n. 7, allant à Génevilliers; celle départementale, n. 33, en passe non loin.

C'est dans le territoire de cette commune que s'opère la séparation du chemin de fer de Versailles, rive droite, avec celui de Saint-Germain. Il y a une station.

*Colombe* (pop. 1,548).—Succursale de Nanterre. Il est situé sur une colline peu éloignée de la Seine, rive gauche. Il y a de jolies maisons; un notaire.

L'église de cette commune est d'un aspect peu agréable, étant entourée de maisons; son clocher est à pyramide : le tout est ancien.

Rollin habitait Colombe, lorsqu'il écrivit son histoire.

La route départementale, n. 8, traverse cette commune; la partie qui va à Argenteuil est neuve.

Voitures à Paris, rue de Rivoli, n. 4.

C'est dans le terroir de Colombe que s'opère la disjonction des chemins de fer de Rouen et Saint-Germain.

*Génevilliers.*—Succursale de Nanterre. Cette commune est située sur la fin de la plaine que la Seine entoure, et qui a beaucoup à souffrir à toutes les inondations : on cite principalement celle de 1740. Depuis cette époque, les habitants de Génevilliers ont fait de fréquents sacrifices pour élever des chaussées capables de les abriter contre ce fléau, et malgré cette précaution ils ont encore à déplorer des pertes partielles à chaque croissance du fleuve.

Génevilliers fut désolé pendant les guerres civiles qui éclatèrent sous les rois Charles V, VI, VII. Un parti du duc d'Orléans le détruisit en 1411.

L'église est ancienne et assez bien conservée.

La route départementale, n. 7, traverse la commune, venant de Courbevoie, et allant à Saint-Denis par celle, n. 18, nouvellement tracée.

*Nanterre* (pop. 2,922).—Cure de 2e classe. Cette commune est située dans une plaine, sur la rive gauche de la Seine dont elle est peu éloignée; les vignes et légumes en sont la culture principale. L'intérieur de cette commune est assez mal construit, les maisons n'y sont pas régulières, mais l'autorité déploie en ce moment un zèle louable pour l'alignement des rues, qui, en assainissant cette localité, lui donne un tout autre aspect.

Nanterre fut, en 1346, brûlé par les Anglais, et le 2 juillet 1815 les Français y battirent avec succès une colonne de l'armée des puissances coalisées.

Le commerce de Nanterre est sur les porcs frais et salés, pierres à bâtir et plâtre cuit; fabrique de colle-forte, toile cirée, noir animal, produits chimiques, tuileries et gâteaux renommés.

Il y a un notaire et un huissier.

L'église de Nanterre est grande et bien construite, quoiqu'en souffrance pour les réparations; on y vénère spécialement sainte Geneviève. En 420, saint Germain, évêque d'Auxerre, et saint Loup, évêque de Troyes, la convertirent, et reçurent son vœu de virginité. Une fontaine, non loin de ce monument, attire les fidèles; la vertu de ses eaux est reportée aux mérites et pouvoirs de cette sainte.

La commune de Nanterre est traversée par la route royale, n. 190, allant à Mantes par Saint-Germain; celle-ci s'embranche sur la royale, n. 13, à l'extrémité supérieure de ce bourg : le chemin de fer de Saint-Germain y a une station.

*Puteaux* (pop. 2,916).—Succursale de Nanterre. Il est situé sur la rive gauche de la Seine, au sortir du pont de Neuilly. La principale partie de cette commune, qui forme le quai du fleuve, est d'un ensemble agréable.

Puteaux possède des lavoirs de laines, des fabriques de coutils, atelier de teinture à la vapeur, encre d'impression et vernis, brasserie, vinaigre et blanchisserie.

La route départementale, n. 5, traverse cette commune, prenant son embranchement au pont de Neuilly et allant à Suresne.

Voitures à Paris, rue de Rivoli, n. 4.

*Suresne* (pop. 1,953).—Succursale de Nanterre. Il est situé sur la rive gauche de la Seine, au bas du mont Valérien et en face du bois de Boulogne. Son entourage de belles maisons de campagne en fait un agréable ensemble.

Cette commune est célèbre par les conférences qui s'y tinrent en 1593 entre les catholiques et les protestants, à la suite desquelles Henri IV embrassa la religion catholique.

Sa fête patronale est le premier dimanche après la Saint-Denis; il y a couronnement d'une rosière : cette cérémonie y fut instituée sur la fin du xviii<sup>e</sup> siècle; la récompense pécuniaire qui y est affectée est de 300 fr.

Fabrique de vinaigre, teintureries et lavoirs de laines, commerce de vins de son crû, autrefois renommé.

La route départementale, n. 7, en traversant la commune, vient aboutir au pont suspendu nouvellement jeté sur la Seine, qui, dit-on, raccourcit d'une heure le trajet d'Auteuil, fait précédemment par Saint-Cloud.

| Distances cad. des communes entre elles. | | | | | | | Distances judiciaires DES COMMUNES. aux chefs-lieux de canton d'arrond<sup>t</sup>. et dép<sup>t</sup>. | Canton. | Arrondissement. | Département |
|---|---|---|---|---|---|---|---|---|---|---|
| | Puteaux | Asnières | Genevilliers | Colombes | Nanterre | Suresne | | | | |
| | K. H. | K. H. | K. H. | K. H. | K. H. | K. H. | | K. | K. | K. |
| Puteaux........ | 2 5 | 6 | 9 | 5 5 | 4 5 | 2 | Asnières............ | 4 | 8 | 8 |
| Courbevoie...... | 3 5 | 6 5 | 5 | 5 5 | 4 5 | Colombes.......... | 3 | 11 | 13 |
| Asnières........ | | 3 | 4 | 9 | 7 5 | Courbevoie........ | » | 12 | 9 |
| Genevilliers...... | | | | 4 | 10 | 10 5 | Genevilliers........ | 7 | 5 | 11 |
| Colombes........ | | | | | 6 | 7 5 | Nanterre........... | 5 | 16 | 19 |
| Nanterre........ | | | | | | 4 | Puteaux............ | 2 | 12 | 10 |
| | | | | | | | Suresne............ | 4 | 14 | 12 |

CANTON DE SAINT-DENIS.

*Saint-Denis* (pop. 14,636). — Cure de 1<sup>re</sup> classe, ancienne et jolie ville, située dans une belle plaine que sillonnent le Croult et le Roullion, sur la rive droite de la Seine, et à l'embouchure du canal Saint-Denis, qui communique à celui de l'Ourcq. Sous-préfecture (le tribunal civil est à Paris). Recette d'arrondissement, bureau d'enregistrement et domaines, conservation des hypothèques, deux notaires, un huissier, une lieutenance et brigade de gendarmerie, bureau de poste aux lettres, relais de poste aux chevaux, théâtre et bains publics; plusieurs pensionnats pour les deux sexes, et la célèbre maison d'éducation dite de la Légion-d'Honneur, établie d'abord à Écouen, puis transférée à Saint-Denis, contenant de quatre à cinq

## ARROND.t de S.t DENIS, CANTON DE

La France par Canton, publiée par T. OGIE[R]

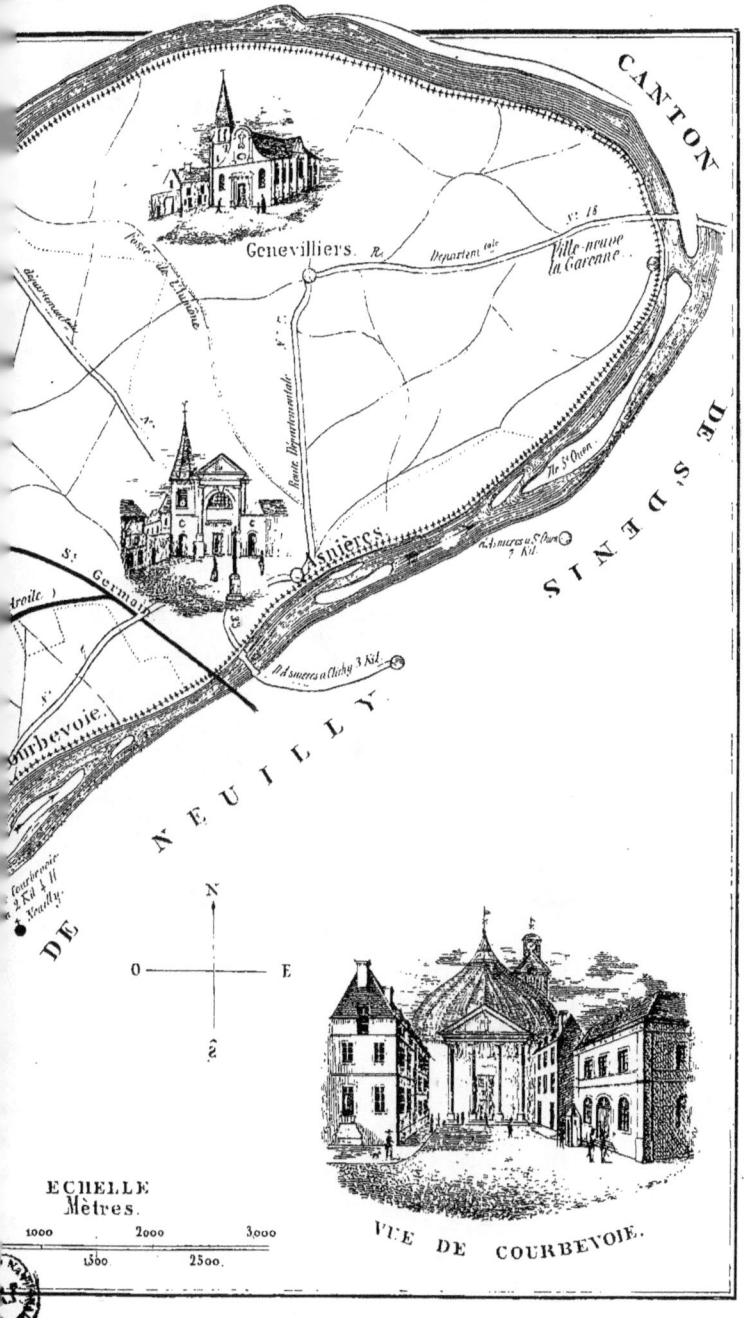

cents élèves. Sous l'empire, Napoléon, qui avait fondé cette maison, pour y récompenser dans les filles qu'on y recevait les services de ses braves, leurs pères, la visitait souvent, et la reine Hortense l'avait prise sous sa protection ; aujourd'hui elle est honorée de la sollicitude toute maternelle de la reine des Français.

Nous ne nous occuperons pas de la description de l'église abbatiale de cette ville, qui a été traitée par différents auteurs, nous désignerons seulement d'une manière succincte son origine qui fut en même temps celle de la ville.

Il paraît que, vers l'an 240, une dame chrétienne fit bâtir, à la place qu'occupe l'église abbatiale de Saint-Denis, une chapelle pour y déposer les restes de saint Denis, saint Rustique et saint Eleuthère, ses compagnons ; cette chapelle fut remplacée par un oratoire où, suivant Grégoire de Tours, Childéric fit enterrer un de ses fils en 580. Dans le vii$^e$ siècle, Childéric I$^{er}$ substitua à cet oratoire une magnifique église, près de laquelle se groupèrent plusieurs habitations qui peu à peu donnèrent naissance à un village assez considérable ; mais ce ne fut que sous l'abbé Suger qu'il fut ville.

La ville de Saint-Denis a soutenu plusieurs siéges : les Orléanais la prirent en 1411, pendant que Charles VI assiégeait Paris ; l'année suivante elle tomba au pouvoir des Anglais. Les ligueurs et les frondeurs s'en emparèrent également dans le siècle suivant. En 1567, les catholiques et les protestants se livrèrent une bataille sanglante dans la plaine qui l'avoisine ; le 1$^{er}$ octobre 1789, le maire de la ville de Saint-Denis fut massacré, par suite d'une insurrection causée par la cherté du pain.

L'église abbatiale de Saint-Denis a un chapitre canonical ; M. l'abbé Coquereau, qui accompagna les cendres de l'empereur de Sainte-Hélène à Paris, en fait partie.

Les différentes foires de Saint-Denis sont très commerçantes, et y attirent une quantité considérable de marchands et voyageurs ; les draps, les toiles, la rouennerie, les laines et les bestiaux, sont les spécialités de leurs ventes. Voici leurs époques :

Le 11 janvier, 9 jours ; le 24 février, 8 jours ; celle dite du Landit, qui précédemment se tenait à La Chapelle, se trouve le mercredi le plus près du 11 juin, dure 15 jours ; et le 9 octobre, de 9 jours.

Son commerce habituel consiste en farine, vins, vinaigres, bois, laines et bestiaux.

Il y a des fabriques de toiles peintes, tuyaux sans couture, toile de coton, plomb laminé, salpêtre, soude et autres produits chimiques; plusieurs blanchisseries de toiles, nombreux lavoirs des laines destinées à la confection des draps; moulin à farine pour l'approvisionnement de Paris, où la mouture se fait d'une manière économique; l'eau et la vapeur en font mouvoir le mécanisme.

La ville de Saint-Denis est traversée par la route royale, n. 1, venant de Paris, barrière du faubourg Saint-Denis et allant à Calais; la route départementale, n. 11, allant à Neuilly, s'embranche à l'entrée de la ville; celle départementale, n. 37, allant à Bondy par La Courneuve; celle départementale, n. 18, allant à Génevilliers par l'île Saint-Denis et un nouveau pont que l'on construit en ce moment, et celle, n. 17, allant à Epinay, en longeant le canal et la Seine pour s'embrancher sur la royale, n. 14, hors la ville; au nord la royale, n. 14, allant à Pontoise par Epinay, sur laquelle arrive celle départementale, n. 16, allant à Montmorency, et la départementale, n. 19, allant à Gonesse.

*Voitures*, à Paris, rue du Faubourg Saint-Denis, et l'entreprise de **MM.** Toulouse pour les environs de Paris, même rue.

*Aubervilliers* (pop. 2,551). — Succursale de St-Denis. Situé dans la plaine de ce nom, il a pour spécialité agricole les légumes pour la consommation de Paris. L'intérieur de la commune est généralement bien bâti; les rues y sont propres.

Son église est très ancienne et belle; son portail et sa tour datent du règne de Henri II. On y trouve encore les traces du chiffre de Diane de Valentinois, qui était un croissant que ce monarque avait l'habitude de faire entrelacer avec le sien; la date de 1541 est aussi sur le bas-relief de la tour. On remarque dans l'église l'image de Notre-Dame des Vertus, qui y est en grande vénération. Henri IV a séjourné à Aubervilliers pendant le siège de Paris. Elle fut ruinée dans les guerres des Armagnacs, et presque entièrement détruite par les Prussiens en 1815.

Fabrique de vinaigres et raffinerie de sucre.

La commune est traversée par la route départementale, n. 21, venant de Saint-Denis et allant à Pantin par embranchement sur la départementale, n. 37, au hameau de Saint-Lucien. Son territoire est bordé par la royale, n. 2.

*La Chapelle* (8,724). Succursale de Saint-Denis. Cette commune, contiguë aux murs de Paris, lui sert de faubourg. La barrière de Saint-Denis n'est composée que d'auberges et maisons de roulages ; elle a une brigade de gendarmerie et un bureau de poste aux lettres.

Cette commune doit son origine à une chapelle élevée en l'honneur de Sainte-Geneviève ; elle fut brûlée par les Anglais en 1358, et les Armagnacs, en 1418, lui firent subir le même sort.

La route royale, n. 1, de Paris à Calais, traverse cette commune, sur laquelle se croise celle départementale, n. 36, de Montmartre à La Villette.

Omnibus, Favorites.

*Courneuve* (pop. 586). — Succursale de Saint-Denis. Située dans la partie Est de la plaine de Saint-Denis, cette commune est sur un terrain fertile qu'arrosent les petites rivières de Croult et de la Mollette ; Saint-Lucien était son premier nom. Elle date du temps du roi Robert ; ce monarque, qui fut victime de la superstition, y faisait ses délices du service divin.

La vue de l'église que nous donnons est prise dans le hameau de Saint-Lucien, qui, avec celui de Crève-Cœur, font partie de la Courneuve.

La commune est traversée par la route départementale, n. 37, allant de Saint-Denis à Bondy ; elle donne embranchement à celle n. 21 de Pantin ; son territoire est bordé par la royale, n. 2.

*Dugny* (pop. 592). — Succursale de Saint-Denis. Cette commune est située agréablement dans une partie de la plaine Saint-Denis ; elle est arrosée par la rivière du Croult. Il n'y a rien de remarquable. La route départementale, n. 20, allant à Garges, traverse la commune ; elle réunit la route royale, n. 2, à celle départementale, n. 19.

Il y a à Dugny une fabrique de cire et de bougies, de dentelles, de coton et serrurerie.

Voitures à Paris, carré Saint-Martin.

*Épinay* (pop. 1,119). — Succursale de St-Denis. Il est situé dans une belle plaine fertile sur la rive droite de la Seine L'église de cette commune est assez bien; les rues y sont propres et les maisons bien bâties; la route royale, n. 14, allant à Pontoise, traverse Épinay.

Le hameau de la Briche appartient à Épinay; il a un port pour le commerce des vins, eaux-de-vie, huiles, qui y arrivent par la Seine. Non loin de là on remarque l'ancien château qu'y fit construire Gabrielle d'Estrée; le parc et la chapelle qu'on y voit encore aujourd'hui furent ordonnés par elle. C'est dans la plaine qui sépare ce hameau de la commune de Saint-Léger, que les Anglais furent complètement battus en 1436, lorsqu'ils étaient rassemblés dans les environs de Paris.

La fête champêtre du lieu est le dimanche qui précède le 25 juillet; elle est très fréquentée par les habitants de la capitale.

Il y a aussi dans ce hameau une fabrique de vinaigre, de fécule de pommes de terre, et une filature de coton.

*Ile-Saint-Denis* (pop. 249).—Le territoire de cette commune est circonscrit dans une petite île que la Seine y forme; les maisons qui la composent sont rangées sur les bords de ce fleuve en forme de quai. On y construit en ce moment un pont qui communiquera à St-Denis par la route départementale, n. 18, allant à Génevilliers. Il y avait autrefois dans cette île une forteresse.

*Saint-Ouen* (pop. 1196).—Succursale de Saint-Denis. Cette commune, située agréablement sur la rive droite de la Seine, a conservé à travers les siècles passés une célébrité qu'en 1351, le séjour du roi Jean, et ses successeurs Charles V et Charles VI lui avaient méritée, et qu'est venu renouveler en des temps plus rapprochés celui que Louis XVIII y fit le 2 mai 1814, veille de son entrée à Paris; car c'est de cet endroit qu'il donna la célèbre déclaration dite de Saint-Ouen, qui précéda de quelques jours la Charte constitutionnelle octroyée par ce monarque.

Il y a dans ce village une jolie maison de campagne que sa construction rend remarquable, et dont les jolis jardins sont baignés par la Seine; elle appartient à M. Ternaux, le célèbre manufacturier, qui y a formé plusieurs établissements industriels, ainsi qu'un lavoir et apprêt de laines. On y voit aussi un beau troupeau de chèvres du Thibet, dont l'introduction en France lui est due. C'est encore à lui, et conjointement avec M. Jaucourt, que l'on doit dans cette commune l'organisation de vastes silos, greniers d'abondance souterrains, pour la parfaite conservation des grains pendant plusieurs années.

On construit à Saint-Ouen une gare dont les travaux, conduits sur un vaste plan, doivent faire espérer à cette commune de grands avantages commerciaux, surtout si le gouvernement réalise le projet qu'il a de débarrasser les ports de Paris du hallage des bateaux. Le cadre étroit dans lequel nous sommes enfermés nous prive d'énumérer l'étendue de ces travaux, ainsi que les avantages que le commerce doit en attendre.

Le commerce de Saint-Ouen se fait sur les porcs et les bestiaux; la culture des asperges y a sa spécialité. La route départementale, n. 11, de Saint-Denis à Neuilly, passe dans son territoire, et celle départementale, n. 13, traverse le bourg allant aux Batignolles. En face de Saint-Ouen il y a un bac pour traverser la Seine.

Foire le 29 août.

*Pierrefite* (pop. 827). — Succursale de Saint-Denis. Situé à l'extrémité nord du département, sur une petite élévation. Cette commune n'a rien de remarquable ; elle est traversée par la route royale, n. 1, qui y donne embranchement à une grande voie de communication allant à la route départementale, n. 19, par Stains.

Fabrique de calicot, de fécule, d'amidon, ognons brûlés et glacés, brasseries.

*Stains* (pop. 993).— Succursale de Saint-Denis. Le sol de cette commune est fertile ; quelques maisons y sont d'un assez bon goût; la place de l'Église est assez bien distribuée, quoique sa fontaine nous ait paru petite. Des changements vont être faits à son église.

On voit à Stains un château magnifique qui a appartenu à Jérôme Bonaparte; les jardins y sont d'une admirable distribution; son parc très étendu renferme beaucoup de gibier.

La rivière du Roullion arrose le territoire de cette commune. Il y a une éducation en grand de superbes mérinos ; on y élève aussi des abeilles.

Stains est traversé par un chemin de grande communication de Pierrefite à la route départementale n. 19.

Le chemin de fer de la Belgique traverse du sud au nord le canton de Saint-Denis.

*Villetaneuse* (pop. 387). Succursale de St-Denis. Situé sur une colline cultivée avec soin. On y voit un château du même nom, entouré de fossés qu'une source d'eau vive garnit.

Il n'y a dans Villetaneuse que quelques fours à chaux et plâtre ; un chemin vicinal partant du village va s'embrancher sur la route départementale, n. 16, de Saint-Denis à Montmorency.

| Distances cadastrales des communes entre elles. | | | | | | | | | | Distances Judiciaires DES COMMUNES aux chef-lieux de canton, d'arrond$^t$. et de dép$^t$. | Canton. | Arrondissement. | Département. |
|---|---|---|---|---|---|---|---|---|---|---|---|---|---|
| | Aubervilliers | Courneuve. | St.-Denis. | Dugny. | Epinay. | Ile St.-Denis | Saint-Ouen. | Pierrefite. | Stains. | Villetaneuse | | | |
| | K.H. | K.H. | K.H. | K.H. | K.H. | K.H. | K.H. | K.H. | K.H. | K.H. | | K. | K. | K. |
| La Chapelle.. | 4 | 6 5 | 6 5 | 10 5 | 10 | 7 5 | 3 5 | 9 | 9 5 | 9 5 | Aubervilliers....... | 4 | 4 | 8 |
| Aubervilliers....... | | 4 | 5 5 | 6 | 10 | 7 | 4 5 | 9 | 9 | 9 5 | Chapelle (la)....... | 4 | 4 | 4 |
| Courneuve........ | | | 4 | 4 | 9 | 5 5 | 7 5 | 8 | 5 | 8 5 | Courneuve (la)..... | 2 | 2 | 10 |
| Saint-Denis....... | | | | 7 5 | 5 | 2 | 4 | 4 | 4 | 4 5 | Denis (Saint)...... | » | » | 10 |
| Dugny........... | | | | | 10 | 8 | 10 5 | 5 5 | 3 5 | 7 | Dugny............ | 6 | 6 | 14 |
| Epinay........... | | | | | | 4 5 | 8 5 | 5 5 | 6 5 | 4 | Epinay............ | 5 | 5 | 14 |
| Ile Saint-Denis.... | | | | | | | 5 | 5 | 5 | 6 | Ile Saint-Denis..... | 2 | 2 | 11 |
| Saint-Ouen....... | | | | | | | | 7 5 | 7 5 | 8 5 | Ouent (Saint)...... | 4 | 4 | 8 |
| Pierrefite........ | | | | | | | | | 2 | 2 | Pierrefite......... | 4 | 4 | 13 |
| Stains........... | | | | | | | | | | 3 5 | Stains............ | 5 | 5 | 14 |
| | | | | | | | | | | | Villetaneuse....... | 4 | 4 | 14 |

### CANTON DE PANTIN.

*Pantin* (pop. 2,323).—Succursale de Belleville. Situé au bas du bois de Romainville, sur les bords du canal de l'Ourcq, et entouré de belles maisons de campagnes et superbes châteaux ; ses rues sont propres, ses maisons bien construites ; la rue de Paris ou Grande-Rue s'y fait remarquer par son alignement et l'élégance de ses magasins.

L'église est ancienne et très ordinaire ; la place qui l'entoure est grande, mais sans agréments.

Comme chef-lieu de canton, il y a à Pantin une justice de paix, un notaire, un huissier, un bureau d'enregistrement, un bureau de poste aux lettres.

Ce bourg possède quelques filatures de laines et cotons, mues par la vapeur ; quelques carrières de plâtre, fours à chaux ; son commerce consiste en grains, farines, vins, eaux-de-vie.

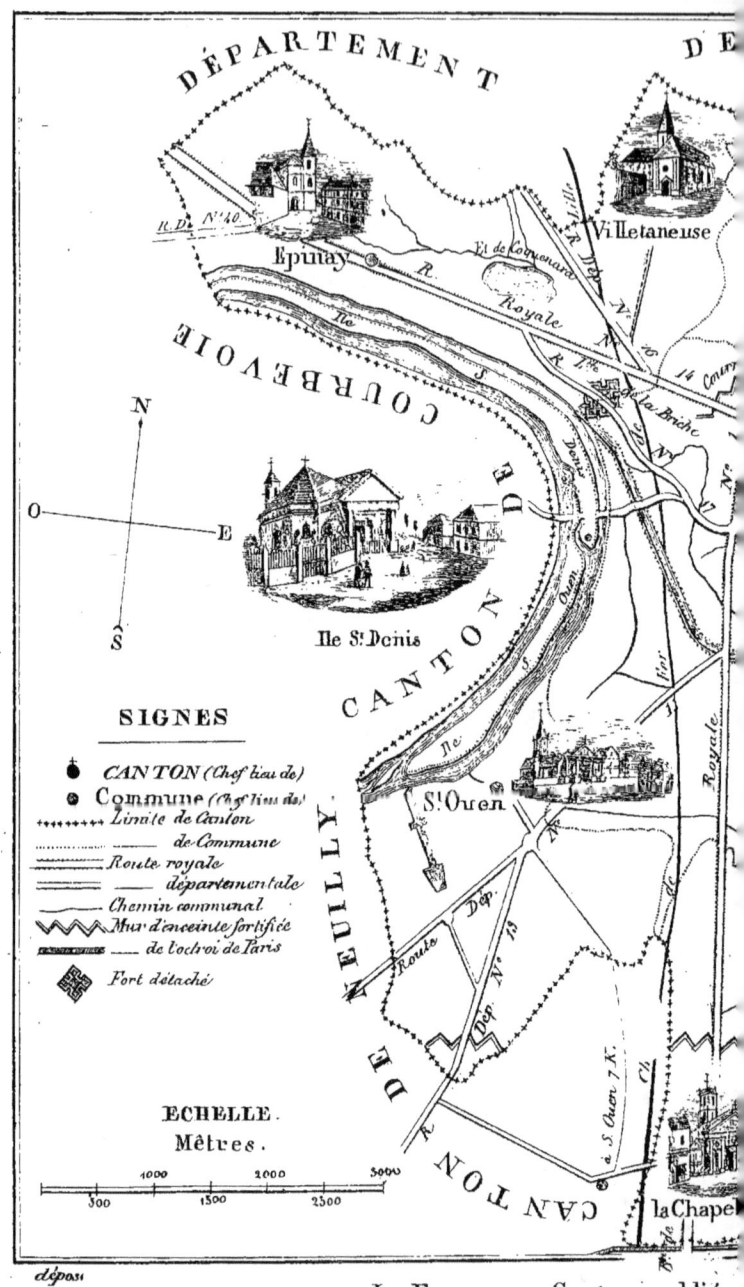

# S.T DENIS, DEP.T de la SEINE.

L'ABBAYE DE S.T DENIS.

...ER Lithogéographe à Paris
rue Rambuteau 52.

Le hameau de Rouvray dépend de Pantin. Ce fut dans ce village que les Français se signalèrent avec le plus de gloire et de courage pour défendre la capitale ; ils prirent et reprirent plusieurs fois cette commune, les 29 et 30 mars 1815, contre les armées austro-russes.

Le bourg de Pantin est traversé par la route royale, n. 3, allant de Paris à Meaux, par la barrière de Pantin, sur laquelle croise celle départementale, n. 40, du canal à Charonne par les Prés Saint-Gervais.

Voitures à Paris, les Dames-Réunies.

*Bagnolet* (pop. 1,321). — Succursale de Belleville. Cette commune est située sur le penchant d'une colline, entre Romainville et Montreuil ; elle est ornée de quelques habitations de plaisance ; une source d'eau vive en circulant dans ses rues y entretient la propreté.

Il y a un bureau de poste, des fabriques de bougies, de carton, exploitation de carrières de plâtres et à chaux. Le coteau qui domine Bagnolet est garni de vignes et couronné d'un fort ; la commune est traversée par la route départementale, n. 23, allant de Noisy-le-Sec à Charonne.

Fête patronale, le premier dimanche de septembre.

*Baubigny* (pop. 350). — Succursale de Belleville. Situé dans une plaine, sur la gauche du canal de l'Ourcq. Cette commune n'a rien de remarquable ; on y voit encore le parc d'un ancien château détruit sur la fin du siècle dernier.

Le territoire de Baubigny est bordé au nord par la route départementale, n. 37, de Bondy, et à l'ouest par la départementale, n. 24, d'Aunay.

Voitures à Paris, rue Neuve-Saint-Denis.

*Belleville* (pop. 19,515). — Cure de première classe. Il fait partie de la banlieue de Paris, auquel Belleville est contigu par la barrière de ce nom. Cette commune est située sur les buttes Chaumont ; elle est dans une position des plus agréables, bien bâtie, et ornée de superbes maisons de campagne dont le nombre est considérable ; la majeure partie des habitations qui entourent la barrière sont des guinguettes assez élégantes, des bals et jeux champêtres, que complète un théâtre assez joli et bien fréquenté.

L'air pur que l'on respire à Belleville y a attiré bon nombre de maisons d'éducation pour les deux sexes. Il y a un bureau de poste aux lettres, un notaire et un huissier. Le hameau de Ménilmontant dépend de cette commune ; elle est traversée par la route départementale, n. 26, allant de la barrière à Romainville ; il y a aussi un télégraphe, ligne de Strasbourg.

Il y a des ateliers pour l'affinage des métaux, des fabriques de cuirs vernis, d'acier poli et de produits chimiques.

*Bondy* (pop. 719). — Succursale de Belleville. Situé à l'extrémité Est du département, entre la forêt du même nom, jadis réputée pour le brigandage, et le canal de l'Ourcq. Ses environs sont fertiles ; la commune n'a rien de remarquable ; la construction de son église est moderne.

Il y a un bureau de poste aux lettres et une brigade de gendarmerie. — Relais de poste aux chevaux.

Le hameau de Brichet dépend de cette commune, qui est traversée par la route royale, n. 3, allant à Meaux, sur laquelle s'embranche, au confin de son territoire, du côté de Pantin, la route départementale, n. 77, allant à Noisy-le-Sec.

On élève à Bondy des troupeaux de moutons pure race espagnole ; il y a une pompe à feu et une siroterie.

*Le Bourget* (pop. 738). — Succursale de Belleville. Situé à l'extrémité nord-est du département, sur une petite côte environnée de terrains cultivés en céréales. Ce village, dont la principale rue est assez vaste, a quelques maisons assez bien bâties ; son église est d'une médiocre apparence.

Le hameau de la Trinité fait partie de cette commune, qui est traversée par la route royale, n. 2, allant de Paris, barrière de La Villette, à Lille, sur laquelle s'embranche la départementale, n. 38, qui va rejoindre celle départementale, n. 24.

Fabrique de toile cirée et de taffetas gommés.

*Charonne* (pop. 4,726). — Succursale de Belleville. Il est divisé en Petit et Grand-Charonne. Le Petit est contigu aux murs de Paris, par les barrières de Montreuil et de Fontarabie ; les guinguettes y abondent ; le Grand-Charonne, qui touche au Petit, n'a rien de remarquable ; son église est une des plus anciennes des environs de Paris. Les rues de cette commune ne sont pas régulières dans leurs constructions; il y a quelques belles maisons, mais elles sont rares et surtout peu suivies.

Elle est traversée par la route départementale, n. 23, venant de Charenton et allant à Noisy, sur laquelle s'embranche celle départementale, n. 40, allant au canal de l'Ourcq par les Prés-Saint-Gervais; celle qui va à la barrière de Fontarabie porte le n. 28, et celle départementale, n. 41, part de la barrière de Montreuil pour Villemomble.

Il y a à Charonne des fours à plâtre. On y fabrique des bougies, de la cire à cacheter, du noir, du vernis, du papier peint; distillerie d'eau-de-vie de pommes de terre, eau de javelle; on y cultive le pêcher et la vigne.

Voiture à Paris, impasse Guimenée, rue Saint-Antoine.

*Drancy* (pop. 308).—Succursale de Belleville. Situé à l'extrémité Est de la plaine de Saint-Denis, se divise en Petit et Grand-Drancy. Son église n'a pas de façade. Cette commune est traversée par la route départementale, n. 38, qui se rend sur celle, n. 24, d'Aunay à Paris, laquelle borde le territoire de Drancy.

*Noisy-le-Sec* (pop. 2,515).—Succursale de Belleville. Sa position au bas de la colline que couronne Romainville est entourée de vignes; ses rues sont propres; quelques maisons bourgeoises s'y font distinguer. Son église est moderne; la première pierre en a été posée le 20 mai 1823.

La commune est traversée par la route départementale, n. 77, venant de la route royale, n. 3, et allant à Villemomble, sur laquelle s'embranche celle, n. 23, allant à Charenton.

Il y a un bureau de poste aux lettres.

Le hameau dit Merlan fait partie de cette commune.

*Les Prés-Saint-Gervais* (pop. 1,643). Succursale de Belleville. Cette commune est située contre la pente nord du bois de Romainville; ses accidents de terrain, variés par les vignes et vergers que bordent les haies de lilas et de rosiers, donnent à son ensemble un aspect riant et pittoresque; ses constructions sont propres; quelques châteaux embellissent ses alentours. Les fêtes champêtres du mois d'août y attirent quantité de promeneurs.

La route départementale, n. 40, traverse cette commune.

Il y a un bureau de poste aux lettres.

Voitures, Dames-Réunies.

*Romainville* (pop. 5,046).—Succursale de Belleville. Cette commune est située sur le sommet d'une montagne qui était, avant les fortifications, presque entièrement ombragée par le bois du même nom, que les précautions guerrières sont venues éclaircir et déranger. Une vue magnifique, qui embrasse presque tout Paris et ses environs, fait l'ornement de Romainville ; aussi voit-on quantité de maisons de campagne et châteaux élégants en tapisser les alentours. Les maisons y sont basses, mais propres ; l'église est neuve et assez élégante.

Le territoire de cette commune est traversé par la route départementale, n. 23, de Noisy, laquelle est croisée par celle stratégique qui passe dans Romainville ; de plus celle départementale, n. 26, venant de Belleville, qui termine son cours sur la stratégique.

Fête champêtre le 31 juillet.

Voitures, Dames-Réunies.

*La Villette* (pop. 10,954).—Succursale de Belleville. Cette commune touche aux murs de Paris par la barrière de ce nom et celle de Pantin ; sa position, sous le rapport commercial, est magnifique, à l'embouchure du canal de l'Ourcq et sur le bassin dit de La Villette, dont les eaux alimentent le canal Saint-Martin et une grande partie des petites fontaines de Paris, celles qui sont à l'usage du nettoiement des rues et égouts.

Fabrique d'apprêts de boyaux à l'usage des charcutiers, de savon de toilette, vinaigre, porcelaine, raffinerie d'huile, corderies, commerce de vins, houilles, charbons et tuiles. On remarque sur le bord du bassin un moulin à farine mu par la vapeur, dont la construction est à la fois élégante et colossale.

L'église de La Villette n'est pas encore terminée ; elle sera belle : sa construction intérieure aura quelque rapport avec celle de Notre-Dame de Lorette de Paris ; la tour, qui en est presque entièrement détachée, est très haute et d'une forme bizarre.

La commune se divise en Petite et Grande-Villette ; la Petite n'est séparée de la Grande que par le canal. Le hameau des Buttes-Chaumont dépend de La Villette.

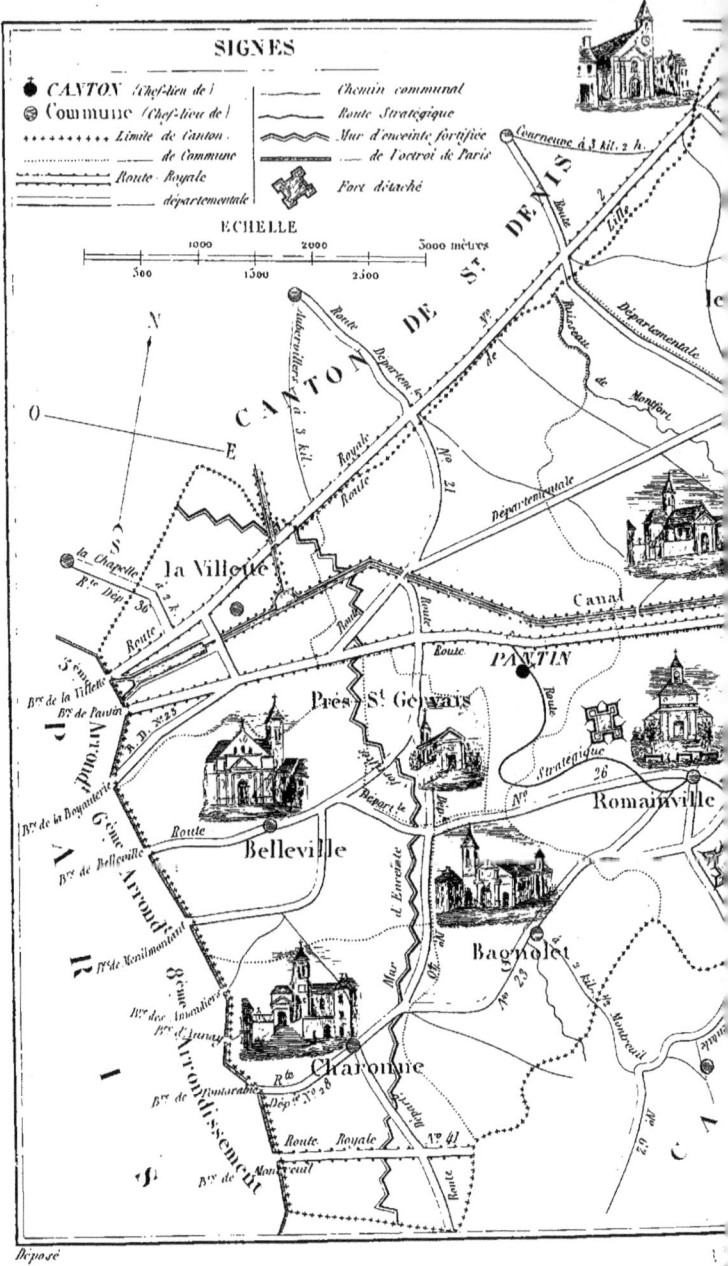

# PANTIN.   DÉPT. de la SEINE.

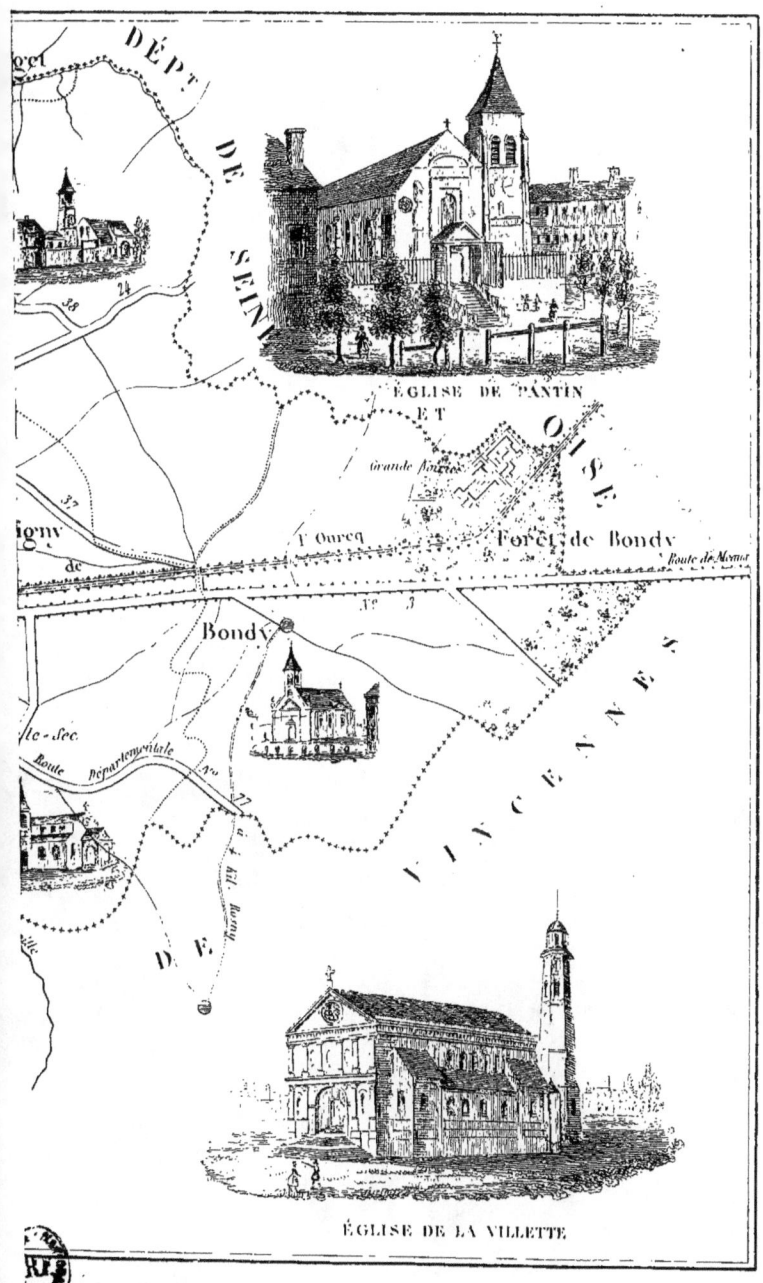

ÉGLISE DE PANTIN

ÉGLISE DE LA VILLETTE

RICHARD, Lithogéographes à Paris.
Lithographe, rue Rambuteau, 52.

Il y a plusieurs pensionnats, un bureau de poste aux lettres et une brigade de gendarmerie.

Fête patronale le dimanche qui suit le 25 juillet.

La route royale, n. 2, allant à Lille et celle royale, n. 3, allant à Meaux, traversent cette commune ; sur celle n. 2 vient s'embrancher la départementale, n. 36, allant à La Chapelle. Une autre route départementale, n. 25, va de la barrière du Combat à La Villette.

Omnibus, Dames-Réunies.

| Distances cadastrales des communes entre elles. | | | | | | | | | | | Distances judiciaires des communes aux chefs-lieux de canton, d'arrond$^t$. et de dépt. | Canton. | Arrondissement. | Département. |
|---|---|---|---|---|---|---|---|---|---|---|---|---|---|---|
| | Bagnolet. | Baubigny. | Belleville. | Bondy. | Bourget. | Charonne. | Drancy. | Noisy-le-Sec. | Pantin. | Prés St-Gerv. | Romainville. | | | | |
| | K. | K. | K. | K.H. | K.H | K.H. | K.H. | K.H. | K.H. | K.H. | K.H | | K. | K. | K. |
| La Villette... | 7 | 3 5 | 4 | 10 | 6 5 | 7 | 7 | 8 5 | 3 5 | 3 5 | 14 | Bagnolet. | 6 | 11 | 7 |
| Bagnolet. | | 7 5 | 3 | 6 5 | 10 | 2 5 | 9 5 | 3 5 | 4 5 | 3 | 2 5 | Baubigny. | 4 | 8 | 11 |
| Baubigny. | | | 7 | 3 5 | 5 | 8 | 3 | 2 5 | 3 | 5 | 3 | Bondy. | 5 | 11 | 12 |
| Belleville. | | | | 8 5 | 9 | 3 | 8 | 5 5 | 4 | 2 | 4 | Bourget. | 7 | 6 | 12 |
| Bondy. | | | | | 7 | 8 | 4 | 3 | 5 5 | 7 | 4 5 | Charonne. | 5 | 11 | 5 |
| Bourget. | | | | | | 10 5 | 2 5 | 8 | 7 5 | 7 5 | 9 5 | Drancy. | 6 | 7 | 12 |
| Charonne. | | | | | | | 10 | 5 5 | 5 | 3 5 | 4 5 | Noisy-le-Sec. | 4 | 11 | 10 |
| Drancy. | | | | | | | | 5 5 | 6 5 | 7 | 8 5 | Pantin. | » | 7 | 7 |
| Noisy-le-Sec. | | | | | | | | | 4 5 | 6 | 2 5 | Prés Saint-Gervais. | 2 | 8 | 6 |
| Pantin. | | | | | | | | | | 2 | 2 5 | Romainville. | 5 | 11 | 8 |
| Prés Saint-Gervais. | | | | | | | | | | | 4 | La Villette. | 3 | 6 | 5 |

www.ingramcontent.com/pod-product-compliance
Lightning Source LLC
Chambersburg PA
CBHW070300100426
42743CB00011B/2278